텐동의 사연과
나폴리탄의 비밀

☞ **일본 음식은 지역별로 다른 경우가 많아요**

일본 음식은 지역에 따라 명칭, 쓰이는 조미료, 먹는 방법 등이 많이 다를 수도 있어요. 이 책은 도쿄 출신인 저자의 상식에 따라 집필했습니다.

☞ **일본어 발음 표기**

일본어 발음의 표기는 한국의 외래어표기법을 기본으로 하되, 그대로 발음하면 현지인이 알아듣기 어려운 단어들은 현지 발음에 가깝게 표기하였습니다. 특히, 독자분들이 실제로 맛집을 찾고 음식을 주문할 때 도움이 되도록 일본어 메뉴와 지명 등은 비교적 현지 발음에 가깝게 표기하였습니다. 예를 들어 '돈가스(とんかつ)'의 경우 한국의 '외래어 표기법'에 따르면 '돈가스'라고 써야 하지만, 이 책에서는 현지식 발음에 가깝게 '톤카츠'라고 표기했습니다. '쓰키지 시장'도 현지식에 가까운 '츠키지 시장'으로 썼고요. 다소 어색하게 느끼실 수도 있겠지만, 실용적으로 표기하려고 했다는 점을 이해 부탁드립니다.

☞ **맛집 정보**

음식 사진마다 그 음식을 가장 맛있게 먹었던 맛집 소개가 나옵니다. 혹시 이 책을 읽고 구체적으로 일본 맛집 정보를 얻고 싶어졌다면, 저자 인스타그램(@tokyo_nemo)에서 아래와 같이 해시태그 검색해보세요.

'#nemo + 요리명' 또는 요리 장르로 검색해주시면 해당 요리를 먹을 수 있는 일본 맛집 포스팅을 볼 수 있습니다.

예) #nemo돈부리 #nemo라멘 #nemo카레 #nemo고기 #nemo양식 #nemo함바그 #nemo오므라이스 등

뎃동의 사연과 나물반의 비밀

네모 지음

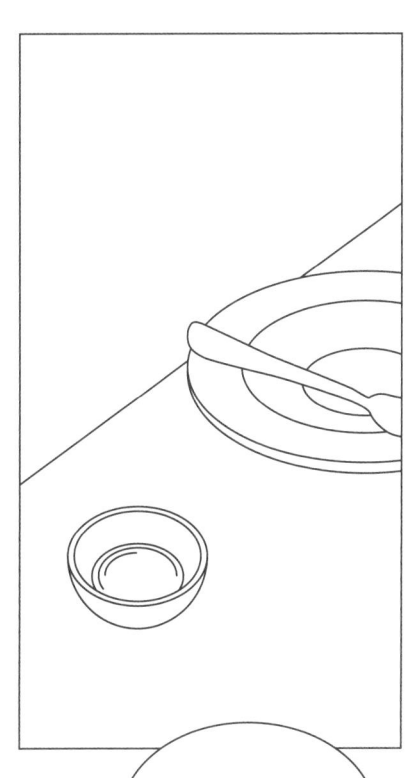

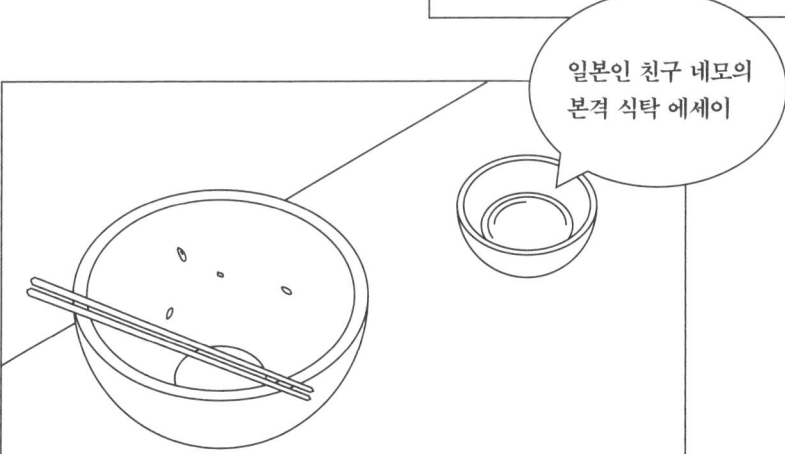

일본인 친구 네모의
본격 식탁 에세이

이 책은
텐동의 (잔잔한) 사연과 나폴리탄의 (소소한) 비밀

그리고
이런저런 일본 음식들에 관한 이야기입니다.

듣고 나면 분명,
음식이 더 맛있어질 거예요.

prologue.
한국 독자분들에게

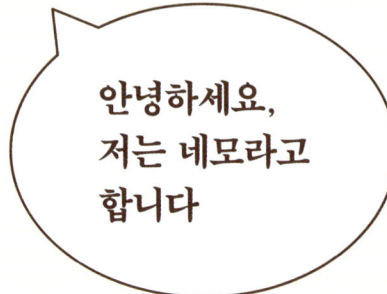
안녕하세요,
저는 네모라고
합니다

코로나19가 세계를 바꾸고, 가고 싶은 곳에도 마음대로 갈 수 없어졌습니다. 언제까지 이런 상황이 이어질까요? 한국 음식을 사랑하는 제가 한국에 갈 수도, 현지 맛집에서 한국 음식을 먹을 수도 없다는 건 무엇보다 힘든 일이에요. 반대로 한국에 사시는 분들 중에도 혹시 일본 현지 음식을 그리워하는 분이 있는 건 아닐까요?

"안녕하세요, 저는 네모라고 합니다."

저는 도쿄에서 태어나 지금까지도 도쿄에서 살고 있는 일본인 남자입니다. 한국 문화에 관심을 갖고 한국어 공부를 시작했고, 2012년에 서강대학교 국제문화교육원(어학당)에서 한국어를 배웠습니다. 일본에 돌아온 후, 인스타그램을 통해 '리얼 도쿄 맛집 탐방기'라는 이름으로 일본 현지 음식을 소개하는 포스팅을 올려왔어요. 한국인분들에게 도움이 되었으면 하는 마음으로 전부 한국어로 쓰고 있습니다. 저를 '한국어로 직접 얘기해주는 리얼 고독한 미식가'로 생각해주시면 좋을 것 같아요!

이 책은 여러분의 다음 일본 여행이 가능해질 때까지 기대와 의욕을 높일 수 있도록, '미리 읽는 일본 음식 예습서'가 되길 바라며 집필하였어요. 저는 늘 '음식은 알고 먹으면 더 맛있다!'고 생각해왔는데요. 일본 음식을 사랑해주는 한국인을 위해, 그리고 언젠가 꼭 일본에 가서 먹방 여행을 하고 싶은 한국인을 위해 더 맛있는 여행이 될 수 있도록 일본 음식 이야기를 들려드리려고 해요.

일본에는 '망상여행 妄想旅行'이라는 말이 있어요. 지금 당장 어디로 떠날 순 없어도 이 책을 통해 일본여행을 '망상'하며 대리만족해보는 건 어떨까요? 혹시 한국에서 일본 음식을 먹는 경우에도, 음식의 배경이나 현지에서 어떻게 먹는지 등을 알면 더 맛있게 느껴질 거예요. 코로나 시국에 일본으로 갈 수 없는 여러분에게 제 일본 음식 이야기가 위로가 되었으면 좋겠습니다.

'한국어를 배운 일본인'이라서 전할 수 있는 이야기

혹시 여러분은 외국어를 배워보셨나요? 그 언어는 누가 가르쳐주었나요? 저는 한국어를 배울 때 '한국어를 잘하는 일본인'과 '한국 원어민'에게 각각 배웠었어요. 일본인에게 한국어를 배우면 한국어의 궁금한 점이나 어려운 부분을 서로 공감할 수 있기 때문에 차근차근 배울 수 있어요.

한편 한국인에게서 한국어를 배우면 한국 특유의 감성과 사고방법, 그리고 '정'까지, 일본인이 알려줄 수 없는 것을 많이 배울 수 있었어요. 역시 그 나라의 현지인이기 때문에 알려줄 수 있는 것이 있겠죠. 그건 음식과 식문화도 마찬가지라고 생각해요.

제가 일본인이기 때문에, 그리고 한국어를 배운 일본인이기 때문에, 여러분에게 들려드릴 수 있는 이야기가 있다고 믿어요. 이제는 일본 음식을 정말 잘 아는 한국인도 많아져서 블로그나 SNS에 다양한 일본 음식이 소개되고 있는데요, 어쩔 수 없이 어딘가 오해가 생기는 부분도 적지 않아서 안타까울 때도 있었어요. 이 책에서는 그런 오해와 궁금증도 전부 풀어드리고 싶어요.

이 책의 제목에는 한국 분들이 좋아하는 '텐동'과 외국 음식이라고 오해하실 수 있는 '나폴리탄'을 넣었는데요, 그 밖에도 이 책에는 제가 추천하고 싶은 음식들의 사연과 비밀이 가득하답니다. 목차를 살펴보시고 여러분이 좋아하는 음식부터 읽어보셔도 좋을 거예요.

아, 참!
일본에는 나이 차이가 커도 부담 없이 친구로 지내는 문화가 있어요. 열 살, 스무 살 차이가 나더라도 마음이 통하면 다 '친구'입니다. 저와 여러분도 나이가 다르거나 익숙한 입맛이 다소 달라도, 이 책에서 좋은 친구가 되었으면 좋겠습니다.

일본 음식을 먹으러 들어간 식당,

옆 테이블에 앉은 일본인 친구 네모가
말을 걸어옵니다.

지금 주문하신 일본 음식에 대한
재밌는 이야기가 있는데, 들려드려도 괜찮을까요?

prologue. 안녕하세요, 저는 네모라고 합니다

table no.1
밥부터 먹을까요

nemo's memo 옆 테이블 네모로부터

낫토고항 ··· 28　**타마고카케고항** ··· 34　**오니기리** ··· 36
오차즈케 ··· 39　**에키벤** ··· 42

nemo's dessert 당고

table no.2
밥, 국, 반찬 = 정식

nemo's memo 옆 테이블 네모로부터

미소시루 ··· 54　**톤지루** ··· 56　**멘타이코** ··· 59
타마고야키 ··· 62　**츠케모노** ··· 64

nemo's dessert 만쥬

table no.3
한 그릇의 기쁨, 돈부리

nemo's memo 옆 테이블 네모로부터

규동 ··· 76　**카츠동** ··· 81　**텐동** ··· 85　**오야코동** ··· 87
부타동 ··· 90　**카이센동** ··· 92　**우나동** ··· 95

nemo's dessert 다이후쿠

table no.4

줄 서서 기다리는 시간이
전혀 아깝지 않은 장르, 라멘

nemo's memo 옆 테이블 네모로부터

쇼유라멘 · 시오라멘 · 미소라멘 … 108

톤코츠라멘 … 112 **이에케이라멘** … 115

nemo's memo 옆 테이블 네모로부터

츠케멘 … 122 **아부라소바** … 125 **마제소바** … 127

탄탄멘 … 129 **히야시츄카** … 132 **즉석라면** … 134

nemo's dessert 타이야키

table no.5

일본 전통 면,
소바와 우동을 먹습니다

nemo's memo 옆 테이블 네모로부터

모리소바 … 150 **텐푸라소바** … 153 **카모난반** … 155

nemo's memo 옆 테이블 네모로부터

붓카케우동 … 164 **카마아게우동** … 165 **니코미우동** … 166

nemo's dessert 도라야키

> 지금 주문하신
> 일본 음식에 대한
> 재밌는 이야기가 있는데,
> 들려드려도 괜찮을까요?

table no.6

면 천국 일본에서 맛보는 기타 면요리!

nemo's memo 옆 테이블 네모로부터

야키소바 … 174　나가사키짬뽕 … 178　사라우동 … 180
소멘 … 182　소키소바 … 184　나폴리탄 … 186
타라코스파게티 … 188　낫토스파게티 … 192

nemo's dessert 오하기

table no.7

생선 요리로 만나는 바다

nemo's memo 옆 테이블 네모로부터

야키자카나 … 202　니자카나 … 204　아지후라이 … 206
사시미 … 208　스시 … 210

nemo's dessert 모나카

table no.8

고기 요리가 생각나는 날

nemo's memo 옆 테이블 네모로부터

야키니쿠 … 228　스키야키 … 232　샤브샤브 … 234
모츠나베 … 236　쇼가야키 … 238　치킨난반 … 240
미즈타키 … 242　야키토리 … 244　징기스칸 … 246

nemo's dessert 카린토

table no.9

궁금하다, 그 밖의 일본 음식

nemo's memo 옆 테이블 네모로부터

오코노미야키 ··· 254　타코야키 ··· 259　텐푸라 ··· 262
카라아게 ··· 264　오뎅 ··· 267

nemo's dessert 요칸

table no.10

진한 그리움의 맛, 카레

nemo's memo 옆 테이블 네모로부터

유럽풍 카레 ··· 280　키마카레 ··· 282　수프카레 ··· 283
스파이스카레 ··· 284　카츠카레 ··· 286　레토르트카레 ··· 288

nemo's dessert 앙미츠

table no.11

경양식을 좋아하나요?

nemo's memo 옆 테이블 네모로부터

톤카츠 ··· 298　함바그 ··· 304　오므라이스 ··· 308
고로케 ··· 310　멘치카츠 ··· 312　카키후라이 ··· 314

nemo's dessert 카키고리

**table
no.12**   ## 일본식 중국요리

nemo's memo 옆 테이블 네모로부터

차항 ⋯ 324   **교자** ⋯ 326   **앙카케야키소바** ⋯ 328

니쿠망 ⋯ 330   **수부타** ⋯ 332   **마보도후** ⋯ 333

완탕 ⋯ 334   **에비치리** ⋯ 336

nemo's dessert 오시루코

**special
table**   ## 일본에서 사랑받는 한국 음식

nemo's special 옆 테이블 네모로부터

김치 ⋯ 346   **냉면** ⋯ 348   **닭한마리** ⋯ 349

비빔밥 ⋯ 351   **지짐이** ⋯ 352

epilogue. 당신의 일본인 친구, 네모로부터

table no.1

ご飯

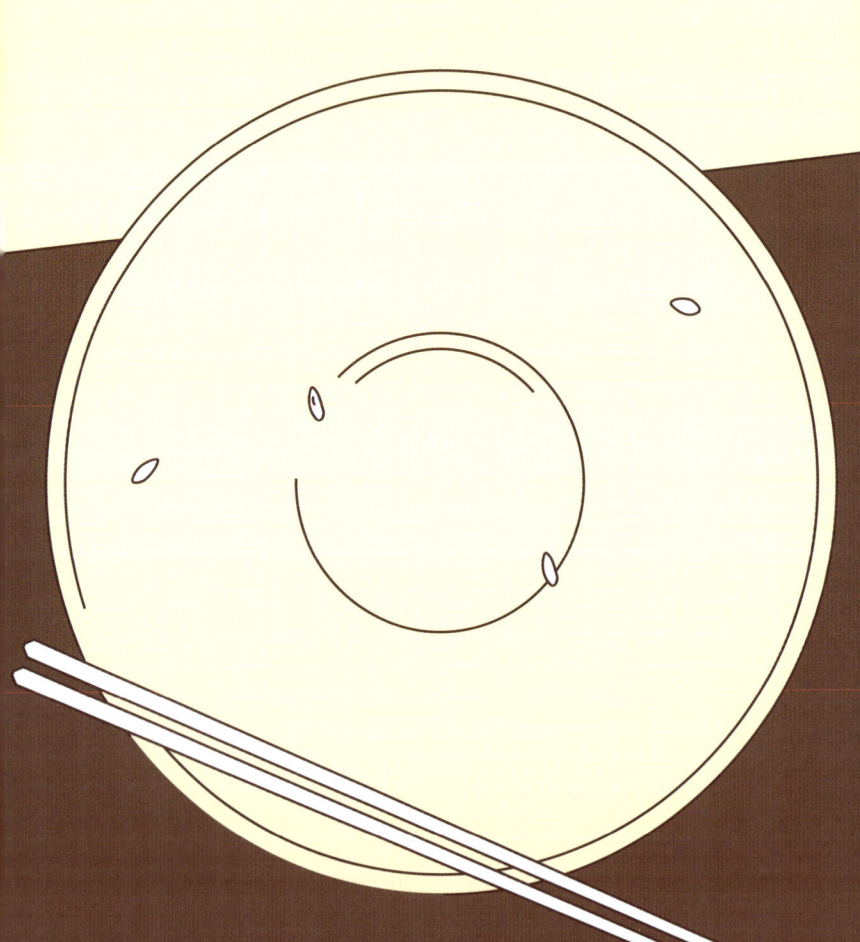

nemo's memo

옆 테이블 네모로부터

> 밥 ご飯,
> 알고 먹으면
> 더 맛있어요!

갓 지은 따끈따끈한 밥이 나왔네요. 역시 한국인은 밥심이 죠! 일본인도 쌀밥을 엄청 사랑하는 민족인데요, 식당에 갔을 때도 가장 먼저 '밥(쌀)'이 맛있는지부터 봐요. "밥이 맛있는 일식집에서는 무엇을 주문해도 다 맛있다"라는 말이 있을 만큼, 일본에서도 쌀과 밥은 기본이랍니다. 한국인이 식당에 가서 김치가 맛있으면 그 집 음식이 맛있을 거라고 기대하는 것과 비슷한 것 같아요. 그래서 일본 음식점, 특히 전통일식집이나 정식집은 밥을 짓는 방법과 쌀 품종 등에도 엄청 신경을 쓴답니다.

'모든 일본 음식은 쌀밥을 맛있게 먹기 위해 존재한다'고 해도 과언이 아니에요. 실제로 대부분의 일본 음식은 밥과 잘 어울리는지를 기본으로 삼는 것 같아요. 물론 빵이나 면을 좋아하는 일본인도 많아졌지만, 여전히 일반적인 일본인의 마인드는 '쌀 사랑'이라고 할 수 있겠습니다.

그중에서도 흰쌀밥 사랑

한국에선 흰쌀밥 외에도 찹쌀, 보리, 현미 같은 잡곡들을 먹잖아요. 그에 비하면 일본은 잡곡밥을 먹을 기회가 훨씬 적은 편이에요. 특별한 이유가 없는 이상, 일본 식당에서 나오는 밥은 대부분 흰밥뿐입니다(그래서 일본인은 한국 현지 식당에서 찹쌀밥이나 흑미밥이 나오는 걸 보고 놀라곤 해요).

아주 옛날에는 기술과 노동력이 부족하여 대부분 잡곡을 먹었고, 상류층에서나 백미를 먹을 수 있었어요. 정미 기술이 발달한 에도시대 江戸時代(1603~1867년 일본의 봉건 시대), 에도(도쿄의 옛 이름)를 중심으로 서민들도 차차 흰밥을 먹을 수 있게 되었고, 그때부터 흰쌀밥은 맛있는 음식의 상징이 되었다고 해요. 최근 들어 건강에 대한 의식이 높아지면서 일본에서도 잡곡밥을 조금씩 먹게 되었는데요, 가게에서도 백미와 현미 중 고를 수 있는 옵션이 점점 늘어나고 있어요.

오히츠 お櫃. 식탁 위에서 사용하는 보온용 밥통. 주로 나무로 된 것이 많아요. 식사 도중 밥을 리필할 때도 계속 따뜻하게 먹을 수 있어서 좋습니다.

일본 음식은 양이 적은 편 아닌가요?

일본인은 소식한다는 이미지가 있잖아요. 한국인 친구들로부터 "일식은 양이 적은 편이지?"라는 질문을 종종 받는데요. 가게마다 다르다고 할 수밖에 없어요. 일본 밥그릇은 크기가 정말 다양해요. 한국처럼 균일한 규격이 있는 것이 아니라, 가게마다 밥그릇의 크기나 재질이 전부 다릅니다. 그 가게만의 그릇인 거죠.

때문에, 밥의 양도 가게마다 달라요. '데카모리 デカ盛り'라고 해서 밥을 극단적으로 많이 주는 가게도 있답니다.

일본인은 밥을 남기면 안 된다는 생각이 강해서, 미리 적게 달라고 부탁하면 양을 조절해주기도 해요. "고항 스쿠나메(ご飯少なめ, 밥 적게)"라고 하면 그만큼 가격을 조금 할인해주는 가게도 있고요.

일본인은 찬밥도 그냥 먹곤 해요

여담이지만 일본인은 상황이 여의치 않을 경우 찬밥도 그냥 먹곤 합니다. 그리 큰 문제가 아닌 듯 당연하게 생각해요. 밥이 맛있어야 한다고 해서 짓는 방법까지 중요시하는 일본인데, 저도 일본인이지만 이건 좀 의외라고 생각해요.

일본에는 식어도 맛있는 도시락용 쌀을 개발하는 회사도 있고, 도시락(벤토, 弁当)에 찬밥과 궁합이 좋은 반찬을 담는 경우도 있어요. 요코하마 横浜 지역 명물 에키벤 駅弁(역에서 파는 철도 여행용 도시락, 42p)인 '키요켄 시우마이 벤토 崎陽軒 シウマイ弁当'는, 식어도 맛있는 에키벤으로 유명합니다. 메인 반찬인 시우마이 燒賣(찐만두) 역시 식어도 맛있어요(물론 따뜻하게 해

서 먹어도 당연히 맛있어요!). 혹시 일본에 와서 짬을 내어 도시락을 먹을 일이 생긴다면, 찬밥의 맛을 음미하며 드셔보세요. 같은 상황이라도 어쩔 수 없이 차게 먹는 것과, 차게 먹어도 맛있는 것은 기분이 다를 테니까요.

모찌모찌한 일본 쌀밥

일본에서 밥을 먹어본 한국분들 중에는 '음? 쌀밥이 왜 이렇게 수분이 많아? 생각보다 찰기가 강하네?'라고 생각하신 분도 있을 것 같아요. 그건 일본인의 취향에 맞게 쌀 품종을 개량해왔기 때문인데요. 한국에도 잘 알려진 유명 품종 쌀 '코시히카리 コシヒカリ'처럼 찰기가 강한 품종이 인기가 높습니다. 찰기가 강한 것을 일본에서는 의성어로 '모찌모찌 もちもち'라고 표현해요.

일부 스시집에서는 반대로 찰기가 약하고 푸슬푸슬한 쌀이 스시와 잘 어울린다고 선호해요. 그래서 비교적 멥쌀의 특징이 있는 품종인 '사사니시키 ササニシキ' 등 전통적 원종에 가까운 품종이 스시 업계를 중심으로 유통되기도 합니다. 건강에는 찰기가 강한 쪽보다 사사니시키 쪽이 좋다는 연구 결과도 있어서 저는 집에서 사사니시키 쌀로 밥을 지어 먹곤 해요.

일본에서는 매년 발표되는 '브랜드 쌀 등급'이 큰 주목을 받아요

품종을 다양하게 개량할 만큼 쌀에 진심인 덕분에, 일본에는 품종 쌀 브랜드만 약 800개 이상 등록되어 있다고 해요.

부드러운 맛, 딱딱하고 진한 맛, 담백한 맛 등 쌀마다 특징이 있고, 식당은 요리에 맞게 쌀의 품종이나 재배 지역을 선택합니다. 예를 들어 '카레라이스에 어울리는 품종은 ○○쌀이다', '솥밥을 ○○쌀로 만들면 식감이 좋아진다', 이런 식으로 쌀을 골라요.

일본은 매년 브랜드 쌀의 품질을 검사하고 등급을 발표해오고 있어요. '일본곡물검정협회 日本穀物検定協会'라는 단체가 엄격하게 품질을 검사하고, 최고 등급인 특A부터 B까지 등급을 정해요. 그러던 2018년, 충격적인 사건이 일어났습니다. 일본의 최고급 쌀로 알려진 니이가타현 新潟県의 '우오누마산 코시히카리 魚沼産コシヒカリ'가 사상 처음으로 특A에서 그냥 A로 떨어져버린 거예요. 이 소식은 "우오누마산 코시히카리의 특A 신화가 무너졌다!"며 아주 큰 뉴스로 전국에 보도되었습니다. 쌀을 사랑하는 일본인에게 있어, 이것은 대사건이었거든요. 워낙 브랜드 이미지가 좋고 가격도 비싼 쌀이라 일류 일식집에서도 우오누마산 코시히카리를 쓰는 곳이 많았는데요, 최근 쌀 품종 개발 경쟁이 치열해지면서 일본 각지에서 뛰어난 맛을 자랑하는 쌀이 잇따라 쏟아지는 추세라 이런 일이 생긴 것 같아요.

최근 몇 년 사이에는 지방의 특색 있는 쌀도 주목받고 있어요. 예를 들어, 원래 홋카이도 北海道 지방은 너무 추워서 쌀을 재배하기 적합하지 않은 지역이라 여겨왔는데, 지금은 맛있는 품종이 정말 많이 나오고 있어요. 특A 등급을 받은 나나츠보시 なつぼし, 유메피리카 ゆめぴりか도 홋카이도의 브랜드입

니다. 반대로 온난화가 가속되는 상황을 반영해 더운 기후에 잘 적응할 수 있는 쌀도 나왔는데요. 요즘에는 동네 마트 어디에서나 일본 각지의 특징이 녹아난 품종 쌀을 다양하게 만나볼 수 있어요. 만약 쌀 코너에 들르게 된다면 어떤 특징들이 있는지 살펴보는 것도 꽤 재미있을 거예요. 아, 그래서 우오누마산 코시히카리는 어떻게 되었냐고요? 다행히 자존심을 걸고 품질 관리를 한 덕에 2019년 다시 특A 자리를 되찾았답니다.

이야기가 길었네요. 그럼 이제, 다양한 일본의 밥 메뉴를 맛보러 가실까요?

품종과 재배지역별로 꼼꼼하게 설명해주는 쌀 매장. 취향에 맞게 정미도 해줍니다.

하가마 羽釜. 일본 전통식 가마솥이에요. 좋은 일식집에서는 하가마를 사용해 밥을 짓습니다.

menu

끈적끈적 묘한 매력

일본인의 소울푸드, 낫토에 도전해보시겠어요? 낫토란 삶은 대두를 발효시켜 만든 일본 전통 음식이에요. 한국의 청국장과 비슷한데, 보통 국이나 찌개로 먹지 않고 그대로 밥에 얹어 먹어요. 원래도 대중적인 음식이었지만 요즘 건강을 생각하는 분위기 속에서 더욱 인기가 많아지고 있답니다. (저는 그냥 맛이 좋아서 거의 매일 낫토를 먹어요!) 일본 마트에서는 보통 3팩에 100엔(한화 약 1000원) 정도로 팔더라고요. 정식을 파는 가게에 들어가면 낫토를 사이드 메뉴로 주문할 수 있는 곳이 많으니 외식할 때도 낫토를 주문해보세요.

낫토는 앞서 말씀드렸듯 밥에 얹어 먹는 것이 기본입니다. 카레, 스파게티, 소바 등 다른 요리에도 얹어 먹곤 해요. 독특한 맛이나 냄새 때문에 호불호가 있는 음식이라 한국인은 상상이 잘 안 되는 맛일 것 같은데요. 저는 집에서 카레나 스파케티를 먹을 때 그냥 낫토를 얹어 먹습니다. 물론 일본인 중에도 낫토를 잘 못 먹는 사람이 적지 않아요.

낫토를 더 맛있게 먹는 방법!

낫토는 비벼서 먹는 음식이에요. 보통 낫토를 사면 낫토의 타레タレ(가츠오부시나 다시마 진액을 넣고 끓인 간장 양념)가 같이 들어 있어요. 일단 낫토를 어느 정도 비비다 타레를 넣고, 다시 잘 비벼주세요. 그래야 낫토 특유의 끈기(일본어로 네바리粘り라고 해요)가 나옵니다. 처음부터 타레를 넣으면 그 끈기가 잘 안 생기니, 꼭 중간에 넣어주세요.

어느 설문 조사에 따르면, 일본인들이 낫토를 비비는 횟수는 평균 '26회'라고 합니다. 제가 봤을 땐 낫토를 좋아하는 사람은 26회보다 더 많이 비비는 것 같지만요. 저는 개인적으로 먼저 30회 정도 비비다가 타레와 토핑(자른 대파)을 넣은 다음 다시 30회 정도 비벼서 먹습니다. 과학적으로 가장 끈기가 많이 생기는 횟수(몸에 좋은 '낫토 키나제' 성분이 최대화된 횟수를 뜻해요)는 '424회'라고 하는데요. 그렇게까지 많이 비비는 것은 솔직히 너무 힘들죠. 아무튼 적당히 오래 비비는 것이 가장 좋은 것 같아요.

참고로 낫토에 넣는 토핑으로는 파나 김이 대중적이에요. 사람마다 취향이 다른데 노른자나 한국의 배추김치 토핑도 인기입니다. 김치와 낫토는 둘 다 발효 음식이라 그런지 잘 어울려요.

청국장은 먹을 수 있는데 낫토는 먹을 수 없다?

청국장은 먹을 수 있는데 낫토는 못 먹는다는 한국인을 많이 만났어요. 같은 재료(대두)를 발효시켜서 만드는 음식인데 왜 그럴까요?

낫토를 잘 못 먹는 한국인 친구에게 "낫토의 어떤 점이 싫어요?"라고 물어본 적 있어요. 특유의 냄새 때문에 싫어할 줄 알았는데 '식감'이라고 대답한 사람이 제일 많더라고요. 생각해보면 냄새는 청국장과 비슷하죠. 어떻게 보면 낫토보다 청국장 냄새가 더 강할 수도 있고요. 다시 생각해보니 낫토와 청국장의 가장 큰 차이는 식감이 아닐까 싶습니다. 낫토처럼 끈적끈적한 음식은 한국에 많지 않은 것 같아요. 어느 한국인 친구가 "낫토는 콧물 먹는 것 같아서 징그럽다!"고 하더라고요. 식감은 호불호가 크고, 익숙하지 않으면 적응하기까지 좀 시간이 걸리는 것 같아요.

다양한 낫토를 무한 리필로 먹을 수 있는 낫토 전문점 '센다이야 せんだい屋' 낫토 정식

일본의 끈적끈적한 음식들, 네바네바 ねばねば

낫토 외에도 일본에는 끈적끈적한 음식이 많아요. 일본인은 그런 식감을 좋아하거든요. 일본에서는 마를 갈아서 먹는 경우가 흔한데, 갈아서 먹는 마를 토로로とろろ 라고 합니다. 마트에서 야마이모 山芋, 야마토이모 大和芋라는 이름으로 팔기도 하죠. 끈적끈적한 토로로에 간장을 좀 넣어서 밥에 얹어 먹으면 정말 맛있어요.

오쿠라 オクラ는 아프리카가 원산지인 재료인데 일본 요리와 잘 어울려서 그런지 일본에 대중적으로 보급된 채소예요. 한국에서는 보기 어려운 채소로 모르는 한국인도 많은 것 같아요. 오쿠라는 청양고추처럼 생겼지만 맛은 전혀 맵지 않아요. 잘랐을 때 단면은 예쁜 별 모양이고, 식감은 끈적끈적해요. 샐러드나 덮밥 등 일본 음식에 자주 활용됩니다.

토로로 정식 맛집 '다이코쿠야 大黒屋'

네바네바 별 모양 오쿠라

참고로 '끈적끈적'이란 말을 일본 의태어로 '네바네바 ねばね
ば'라고 해요. 낫토, 토로로, 오쿠라, 노른자 등 미끈거리는
재료를 밥에 얹어 먹는 덮밥을 '네바네바동 ねばねば丼'이라고
합니다. 네바네바는 먹으면 힘이 난다고 해서 여름에 인기
많은 음식이기도 해요.

저는 일본 가정식 체인점 '오오토야 大戸屋'에서 이 네바네바
재료들을 모아 작은 그릇에 함께 담아주는 반찬 메뉴, '네바
네바 코바찌 ねばねば小鉢'를 좋아해서 즐겨 먹어요.

네모가 추천하는 낫토

일반 마트에서 파는 낫토는 대부분 발포 스티로폼 용기에 들어 있는데 낫토는 원래 짚에 싸서 발효시키는 것이 전통적인 제조법입니다. 짚에 싸서 발효시킨 낫토를 '와라낫토 わら納豆'라고 불러요. 혹시 와라낫토라고 적힌 낫토가 보인다면 꼭 도전해보세요. 정말 향이 뛰어나고, 맛도 각별합니다.

'쿄기낫토 経木納豆'도 추천하고 싶은 낫토입니다. '쿄기 経木'란, 종이처럼 아주 얇게 나무를 깎은 포장 소재를 뜻해요. 쿄기 역시 향이 좋아서 낫토를 더욱 맛있게 하죠. 하지만 쿄기를 만드는 기술을 전승하기 어려워서인지 이제는 쿄기 장인도 많지 않고 보기 힘들어졌어요.

참고로 저는 일본 고급 슈퍼마켓인 '키타노 에이스 北野エース'에서 파는 '시모니타 낫토 下仁田納豆'라는 브랜드의 쿄기낫토를 즐겨 먹습니다. 낫토가 입에 맞는 분이라면 와라낫토와 쿄기낫토도 분명 좋아하실 거예요.

볏짚으로 감싼 와라낫토 わら納豆

시모니타 낫토(쿄기낫토)

menu

**달걀을 가장 맛있게
먹는 법**

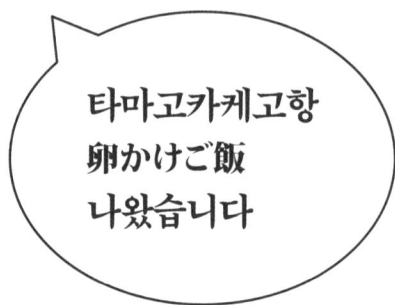

일본인이 좋아하는 밥인 타마고카케고항을 소개할게요. "아침에는 타마고카케고항이 최고!"라고 말하는 일본인이 많아요. 집에서 간단하게 아침 식사를 할 때 먹는 가장 기본적인 일본 집밥이라고 할 수 있어요. '타마고卵'는 '달걀', '카케かけ'는 '붓다', '고항ご飯'은 '밥'이라는 뜻으로, 한국어로 직역하면 달걀을 푼 밥, '날달걀밥' 정도가 되겠네요. 푼 날달걀에 간장을 넣고 공깃밥 위에 얹은 아주 심플한 음식이에요.

그런데, 달걀을 날로 먹어도 되는 거냐고요? 네, 괜찮습니다. 일본에서 파는 날달걀은 다 날로 먹을 수 있도록 나온 것이에요. 일본인이 워낙 타마고카케고항을 좋아해서 엄격하게 위생 관리를 하고 있습니다. 편의점, 마트, 식당 어디에서든 다 날달걀을 먹을 수 있습니다(물론 유통기한 내에서 먹어야 하지만요).

#TKG

아, 젊은 일본 친구들은 타마고카케고항 Tamago Kake Gohan을 줄여서 'TKG'라고 부르기도 해요. 인스타그램에 해시태그 #TKG를 검색해보면 먹음직스럽고 예술적인 타마고카케고항의 향연이 펼쳐집니다. SNS에는 특히나 창의적인 타마고카케고항이 많아서, 보고 있으면 일본인들이 타마고카케고항을 얼마나 사랑하는지 제대로 알 수 있을 거예요.

참고로 일본에는 타마고카케고항 전용 간장도 있답니다. 그것도 다양한 종류로요! 업체마다 조금씩 다른데요, 여러 가지 재료를 섞어서 타마고카케고항과 잘 어울리는 간장을 개발해 만든 것으로 가츠오부시, 굴, 가리비, 다시마 등 해산물 베이스 제품이 많아요. 일본 마트에서 쉽게 구할 수 있으니까 기회가 있으면 한번 사서 맛보시는 걸 추천할게요.

도쿄와 후쿠오카에 있는 타마고카케고항
전문점 '우치노 타마고 うちのたまご'

타마고카케고항 전용 간장

menu

**한입에 쏙!
세모난 친구**

한국인이 김밥을 먹듯, 일본인들은 오니기리를 먹어요. 삼각형 모양으로 만든 주먹밥에 김을 감싼 오니기리는, 일본 드라마나 영화에서도 자주 볼 수 있는 친숙한 음식이죠. 냉장고에 있는 식재료로 간단하게 만들어 먹기도 하고, 학교에 갈 때나 소풍 갈 때 도시락에 넣기도 해요. 기본 모양은 삼각형이지만, 동그란 주먹밥 형태도 오니기리라고 부릅니다. 일본어로 '니기리にぎり'는 '쥐다'라는 뜻인데요, 오니기리를 만들 때 밥을 꽉꽉 쥐는 동작에서 이런 이름이 탄생한 게 아닐까 싶어요. 어떤 사람들은 '오무스비おむすび'라고 부르기도 해요.

오니기리는 편의점에서 도시락 못지않게 인기 있는 상품이에요. 한국의 삼각김밥 같은 느낌이랄까요. 주식이면서 동시에 출출할 때 사 먹는 간식이기도 해서 참 편리합니다(그것도 한국 김밥과 비슷하네요). 일본에는 오니기리 전문점도, 포장 전문 체인점도 있어요. 2018년에는 간편식이자 서민 음식의 대표인 오니기리로 '미쉐린 가이드 빕 그루망 Bib Gourmand*'에 선정된 맛집까지 나와서 큰 화제였답니다.

오니기리 속 맛있는 재료들

겉은 흰밥과 김만 보이지만 사실 오니기리 속에는 다양한 재료들이 숨어 있어요. 다만, 한 오니기리 당 재료 하나만 넣습니다. 김밥과 다른 점인데요. 심플하게 소재의 맛을 느끼는 걸 중요시하는 일본다운 음식이네요. 기호에 따라 골라서 드시면 됩니다.

☞ 우메보시 梅干し : 새콤하게 절인 매실. 가장 대표적인 오니기리 재료에요.

☞ 콘부노 츠쿠다니 昆布の佃煮 : 간장으로 짜게 끓인 다시마

☞ 오카카 おかか : 간장으로 무친 가츠오부시

☞ 시치킨마요 シーチキンマヨ : 참치 마요네즈. 일본에서는 캔에 담아 파는 가공된 참치를 '시치킨'이라고 해요. 스시나 사시미로 먹는 참치(마구로, まぐろ)와 구별해서 부릅니다.

☞ 사케 鮭 : 연어

☞ 타카나 高菜 : 맵고 짜게 끓인 갓. 톤코츠라멘에 얹어 먹는 토핑으로도 유명해요.

☞ 타라코 たらこ : 소금에 절인 명태 알

*세계적 권위를 가진 미쉐린 가이드에서 합리적 가격에 훌륭한 음식을 제공하는 레스토랑에게 주는 등급

미쉐린 빕 구르망에 선정된 오니기리 전문점 '야도로쿠 宿六'

또 다른 일본식 김밥, 후토마키 太巻き

한때 제 인스타그램에 "맛있는 후토마키를 먹을 수 있는 맛집을 알려주세요!"라는 문의가 갑자기 몰린 적이 있어요. 후토마키에 관심을 갖는 한국인이 늘어나다니, 갑자기 왜? 싶었는데요, 아무래도 후토마키의 단면이 알록달록 예뻐서 SNS에 사진을 올리기에 딱 맞는 음식이라 그런 것 아닐까 추측해보았답니다.

후토마키는 그대로 직역하면 '굵게 말다'라는 뜻이에요. 오니기리와 또 다른 일본의 김밥이라고도 할 수 있습니다. 생긴 것은 정말 김밥처럼 생겼는데, 일본산 김을 사용하고 참기름을 바르지 않은 것이 한국 김밥과의 차이라고 할 수 있겠네요. 김밥보다 굵은 것도 특징이죠.

그런데 말이죠, 그렇게 많은 분이 여쭤보셨던 소위 후토마키 맛집이나 후토마키 전문점은 일본에 없어요. 후토마키는 어디까지나 스시집의 사이드 메뉴거든요. 때문에 만약 일본인 친구에게 후토마키 맛집을 추천해달라고 부탁한다면 대부분의 일본인은 당황해서 대답할 수 없을 거에요. 혹시 후토마키가 너무 먹고 싶다면, 스시집을 찾아주세요!

일반 동네 마트에서도 판매되고 있습니다

menu

**집 나간 입맛도
돌아오는**

오차즈케란 따뜻한 차, 그중에서도 주로 녹차를 밥에 부어서 먹는 일본 음식이에요. 국밥의 일종이라고도 할 수 있는데, 국물이 아니라 차를 밥에 부어 먹는 게 한국에서는 흔한 일이 아니더라고요. 보통 김이나 연어, 매실, 명란, 와사비 등의 반찬을 취향에 맞게 밥에 얹고 녹차를 부어요. 마트에서는 오차즈케 전용 즉석식품(오차즈케노 모토, お茶漬けの素)도 포장해서 팔아요. 그 중 식품회사 '나가타니엔永谷園'에서 만든 즉석 오차즈케가 초인기 스테디셀러입니다. 외국 관광객이 여행 선물로 사 가는 경우도 많다고 들었어요.

오차즈케는 아주 간단하게 먹을 수 있고, 입맛이 없을 때 먹기 딱 좋아요. 녹차는 일본인이 좋아하는 가장 기본적인 차에요. 제대로 된 녹차를 끓여서 오차즈케에 곁들이는 게 좋지만 상황이 어렵다면 페트병으로 파는 녹차 음료를 따뜻하게 데워서 오차즈케를 만들어도 좋아요. 일본의 녹차 음료는 본격적인 것이 많으니 직접 차를 끓여서 만드는 것보다 맛있는 오차즈케가 탄생할지도 모른답니다.

일식에 가장 잘 어울리는 음료수, 녹차 緑茶

일본인은 녹차를 사랑해요. 일본 편의점의 음료수 코너에 가면 정말 많은 종류의 녹차를 볼 수 있죠. '오이오차 お~いお茶(이토엔)', '나마차 生茶(KIRIN)', '이에몬 伊右衛門(SUNTORY)', '아야타카 綾鷹(일본 코카콜라사)'…. 회사마다 출시하는 녹차의 특징이 다 다른데요, 그중 판매량 1위는 이토엔 사의 '오이오차'예요. 차가운 녹차뿐만 아니라 따뜻한 녹차 전용 페트병도 따로 나와요.

일본에서 녹차는 차의 기본이라는 이미지가 있어요. 그래서 녹차를 '니혼차 日本茶'라고 부르기도 합니다. 녹차가 일본을 대표하는 차라고 생각하기 때문에 그렇게 부르는 것이죠.

참고로 녹차 외에 일본인이 즐겨 마시는 차로는, 무기차 麦茶가 여름에 인기가 많아요. 무기차는 한국말로 하면 보리차인데요, 몸을 차게 한다고 해서 더운 날에 많이 마셔요. 그리고 우롱차 烏龍茶도 식당에서 잘 나가는 차예요. 우롱차는 술집에서 술을 못 마시는 사람이 주문하는 대표적인 무알코올 음료수예요. 드라마〈고독한 미식가 孤独のグルメ〉에서 술을 못하는 주인공 고로상이 즐겨 마시는 음료기도 하죠. 기름진 것과 같이 마시면 속을 산뜻하게 해준다고 해서 라멘집에서 함께 팔기도 해요. 중국에서 마시는 우롱차는 달콤한 편인데 일본 우롱차는 전혀 달지 않아요.

색다르게 즐기고 싶다면
다시차즈케 だし茶漬け에 도전해보세요

좀 색다른 장르의 오차즈케도 있어요. 바로 '다시차즈케'입니다. 녹차 말고 생선이나 다시마, 가츠오부시 등을 끓여낸 육수를 밥에 부어 먹는 오차즈케예요. 원래는 어부들이 배 위에서 먹던 요리였는데 생선요리를 파는 가게 중 다시차즈케를 메뉴로 내는 곳들이 생기면서 대중화되었습니다.

다시차즈케는 일본식 회덮밥인 카이센동 海鮮丼(92p)의 마무리로 먹기도 해요. 카이센동을 먹다가 밥을 조금 남겨놓고 직원에게 다시를 달라고 말하면, 다시차즈케를 준비해주는 가게가 있어요. 일본인들은 먹다가 중간에 맛이나 먹는 방법을 바꾸는 것을 좋아하는 경향이 있어서 이런 스타일의 음식이 좀 많은 것 같아요. 다양한 고명을 올리기도 하고, 중간에 국물을 붓기도 하고… 오차즈케와 다시차즈케를 먹는 건 굉장히 재밌는 일인 것 같아요.

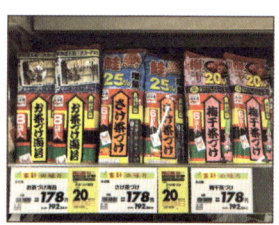

'나가타니엔' 사에서
만든 즉석 오차즈케

다시차즈케 전문 체인점
'다시차즈케 엔 だし茶漬けえん'

menu

**열차 여행의
또 다른 즐거움**

에키벤 駅弁
나왔습니다

멀리 떠나고 싶은 날, 열차 여행과 함께 에키벤을 추천합니다. 에키벤은 열차 안이나 플랫폼에서 파는 도시락이에요. '역'이라는 뜻의 '에키駅'와 '도시락'이라는 뜻의 '벤토弁당'를 합쳐서 줄인 말입니다. 조금 긴 열차 여행을 할 때 열차 안에서 먹는 도시락인데, 그 지역(역이 있는 관광지나 지방)의 재료를 이용해 만든 이색적인 메뉴가 많아요. 일본은 지하철 외에도 열차 노선이 많고, 지역마다 에키벤 문화가 발달했어요. 일반적으로 에키벤은 열차 혹은 신칸센 안에서 먹는 것을 말하고, 지하철에서 먹지는 않아요.

에키벤은 일본 각지의 열차 역에서 살 수 있지만 보통 도쿄역같이 큰 터미널역 구내에도 전문매장이 들어서 있어요. 한국인에게는 일본 편의점 도시락이 인기가 많은 것 같은데, 개인적으로는 에키벤도 한 번쯤 경험해볼 만한 일본의 도시락 문화라고 생각해요. 다만, 앞에서 말씀드렸듯 일본에서는 도시락을 따뜻하게 데우지 않고 그대로 먹는 것이 이상한 일이 아닙니다. 에키벤은 따뜻하지 않아도 맛있게 먹을 수 있도록 만들었다고 하는데, 익숙하지 않으면 좀 불편할 수도 있을 것 같아요.

원래는 판매원(일본어로 '우리코 売り子'라고 해요)이 열차 내 복도를 걸어다니면서 팔았는데요, 이제는 그런 스타일의 판매는 줄었어요. 열차가 역에 잠시 정차하는 동안 밖에서 창문을 통해 에키벤을 파는 판매원도 있었는데요, 그런 경우도 역시나 보기 힘들어졌습니다. 창문을 열 수 없는 열차가 많아지고, 정차 시간이 단축되어서인가 봐요.

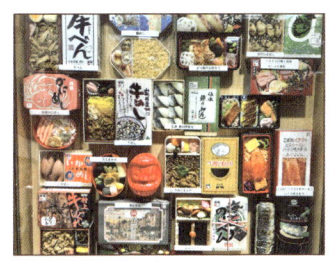

도쿄역에서 일본 전국의 에키벤을 살 수 있는 전문점 '에키벤야 마츠리 駅弁屋 祭'

지금은 열차가 출발하기 전 역에서 에키벤을 미리 사는 게 일반적이에요. 열차가 서는 지역의 특산품을 재료로 한 향토 요리를 담은 에키벤이 주류입니다. 도시락 패키지도 역별로 다양하고 디자인도 신경 써서 예쁘게 만들어요. 이렇게 지역마다 맛있는 에키벤을 자랑하게 되자, 일본 전국의 에키벤을 모아서 평가하는 대회도 매년 열리게 되었어요. 여행 목적 중 하나로 생각하는 철도 팬, '에키벤 마니아'도 생길 정도로 일본인은 에키벤을 하나의 관광자원이자 문화로 즐기고 있어요. 만약 일본 열차 여행에 관심이 있다면, 역마다 어떤 에키벤을 파는지도 눈여겨봐주세요. 생각한 것보다 훨씬 다양한 맛의 향연이 기다리고 있을 테니까요.

식어도 맛있는 가나가와 명물
'시우마이 벤토 シウマイ弁当'

도쿄역에서도 파는 인기 No.1 야마가타 명물
'규니쿠도만나카 牛肉どまん中'

일본을 대표하는 에키벤 10가지!

☞ 굴 도시락 : 카키메시 かきめし / 홋카이도 앗케시역 北海道 厚岸駅

☞ 요네자와규(브랜드 와규) 도시락 : 규니쿠도만나카 牛肉どまん中 / 야마가타현 요네자와역 米沢駅

☞ 우설 도시락 : 규탄 벤토 牛たん弁当 / 미야기현 센다이역 宮城県 仙台駅

☞ 찐만두 도시락 : 시우마이 벤토 シウマイ弁当 / 가나가와현 요코하마역 神奈川県 横浜駅

☞ 송어 스시 도시락 : 마스노스시 ますのすし / 토야마현 토야마역 富山県 富山駅

☞ 게 도시락 : 에치젠 카니메시 越前かにめし / 후쿠이현 후쿠이역 福井県 福井駅

☞ 도미 솥밥 도시락 : 간소 타이메시 元祖鯛めし / 시즈오카현 시즈오카역 静岡県 静岡駅

☞ 된장 톤카츠 도시락 : 빗쿠리 미소카츠 びっくりみそかつ / 아이치현 나고야역 愛知県 名古屋駅

☞ 바닷장어 솥밥 : 아나고메시 あなごめし / 히로시마현 미야코지마역 広島県 宮古島駅

☞ 카시와메시 かしわめし(후쿠오카 키나큐슈시의 향토음식인 다진 닭고기, 김, 다진 계란말이를 밥에 얹은 도시락) / 후쿠오카현 오리오역 福岡県 折尾駅

※에키벤은 꼭 현지의 역까지 가지 않아도 가까운 곳에서 판매하는 곳도 있습니다.

nemo's dessert

*배부르게 먹어도
단 건 더 먹을 수 있죠?

밥을 배부르게 드셨다면, 후식으로 **와가시 和菓子는 어때요? 쫄깃한 당고 한입을 추천해요. 당고는 쌀가루에 물을 넣어 삶아서(혹은 쪄서) 동그랗게 모양을 빚어 만들어요. 모찌もち(떡)는 떡으로 찐 쌀을 반죽해서 만든다면, 당고는 쌀이 아니라 쌀가루로 만든다는 점에서 차이가 있어요. 동그랗게 말아올린 머리 스타일을 뜻하는 '당고 머리'라는 말이 있듯, 당고는 동그란 모양이 특징이랍니다.

당고 자체는 한국의 '경단'과 만드는 방법에 큰 차이가 없는 것 같아요. 맛을 내는 방법(소스, 토핑 등)이 좀 다르죠. 당고는 팥을 넣은 것, 인절미를 뿌린 것, 된장이나 간장을 바른 것 등 여러 가지 종류가 있어요. 꼬치에 꽂아 굽는 당고도 있습니다.

일본을 대표하는 당고 중 하나로 '미타라시 당고 みたらし団子'가 있습니다. 일본인에게 정말 인기 있는 당고예요. 꼬치에 꽂은 당고를 구워서 미타라시소스를 발라요. '미타라시소스'는 칡가루를 물에 풀고 설탕, 간장을 넣어 끓인 소스인데, 탕수육 소스처럼 호물호물한 식감이 특징이죠. 미타라시 당고는 편의점에서도 파는 유명한 당고예요. 한국에서는 아직 많이 못 본 것 같은데, 기회가 있으면 일본에서 한번 먹어보는 걸 추천합니다. 이 단짠단짠 맛을 한번 먹고 나면 완전히 반해버릴 거에요.

*甘いものは別腹
일본에는 '甘いものは別腹 아마이모노와 베츠베라'라고 해서 '단것이 들어가는 배는 다른 배'라는 표현이 있는데요. 공감하는 한국인분도 많으시겠지요?

**일본 과자 : 와가시 和菓子
와가시란, 일본식 과자를 뜻해요(번역해서 '화과자'라고도 해요). 주로 전통적인 것을 '와가시'라고 부르는데, 일본다운 디저트는 와가시라고 칭해요. 서양의 과자보다 향신료, 지방, 유제품은 잘 쓰지 않고, 쌀이나 팥, 콩, 말차, 고구마, 밤, 호박 등이 주요한 재료입니다. 특히 팥은 정말 많이 사용해요. 녹차와 잘 어울리는 맛이 많습니다. 전통적인 와가시는 아주 예쁘게 모양을 꾸며서 사계절을 표현하기도 해요.

당고 세트(왼쪽에서부터 김 토핑의 구운 당고, 미타라시 당고, 팥 토핑의 쑥 당고)

table
no.2

定食

nemo's memo

옆 테이블 네모로부터

> 정식 定食
> 알고 먹으면
> 더 맛있어요!

일본 식당의 기본 스타일 중 하나가 정식 定食('테-쇼쿠'라고 발음해요)을 파는 식당입니다. 정식은 특히 일식집에서 점심 메뉴로 꼭 판매하는 가게가 많아요. 기본적인 구성은 밥에 메인 요리(예: 생선구이, 고기 조림 등)와 국(예: 된장국 등), 츠케모노(일본식 김치)입니다. 심플하죠. 한국의 '백반'과 비슷한가 생각해보면, 또 조금 달라요. 일본에서는 여러 반찬을 따로 주지 않거든요. 반찬을 더 먹고 싶으면 단품(사이드 메뉴)으로 주문해야 합니다.

옛날부터 일본에는, 가정식(집밥)의 형태로 '一汁三菜(이치쥬 산사이, 국물 한 가지와 반찬 세 가지)'라는 개념이 있어왔어요. 물론 다 같이 모이는 특별한 자리에는 다양한 요리와 반찬들이 나오지만, 일본인들은 간소한 메뉴 구성에 익숙해요. 그렇기 때문에 식당에서 메뉴를 주문하고 반찬이 아무것도 안 나와도 별로 아쉬워하지 않아요. 그런데 한국인 친구들은 그렇지 않더라고요. 함께 일본 음식을 먹을 때면 "단무지 하나라도 같이 주면 좋을 텐데…"라는 말을 몇 번이나 들었답니다. 아무래도 익숙하지 않아서 아쉬울 거예요. 반대로 일본인은 처음 한국 식당에 들어가 식사할 때, '왜 이렇게 반찬을 많이 주지? 게다가 다 공짜라고?!' 하며 많이 놀랍니다. 이건 한일간의 문화적 차이인 것 같네요.

그러고 보면 일본인은 맛있음을 표현할 때 "~만으로 밥 세 공기도 먹을 수 있다(~다케데 고항 산바이 타베라레루, ~だけでご飯3杯食べられる)"라고 말해요. 적은 반찬으로 공깃밥 먹기에 익숙한 일본의 식문화를 잘 느낄 수 있는 말인 것 같습니다.

너무 심플해서 뭔가 부족한 것 같기도 하지만 이게 바로 일본 정식 스타일입니다.

동네에서 흔히 볼 수 있는 정식집. 이런 데가 의외로 맛있었어요.

일본 가정식 요리를 먹고 싶다면

체인점 '오오토야 大戸屋'와 '야요이켄 やよい軒'은 일본 가정식 요리를 판매하는 고마운 음식점이에요. 보통 일본인이 집에서도 해 먹는 밥과 반찬, 국을 한 세트로 파는데요, 현지 일본인들도 자주 이용하죠. 주로 직접 요리하기 싫은 자취생이나 편하게 외식하러 나온 가족 단위 손님이 많은 것 같습니다. 체인점이 아니어도 동네마다 정식집은 있는데요, 외국인 입장에서 생각해보면 동네 정식집에 들어가는 것은 좀 용기가 필요하지 않을까 싶기도 해요. 그렇다면 첫 도전은 역시, 외국어 메뉴판도 잘 되어 있는 체인점 식당이 편할 것 같습니다. 오오토야나 야요이켄의 맛은 웬만한 정식집 못지않으니 걱정할 필요가 없어요. 야요이켄은 가성비가 좋다는 이미지가 있고, 오오토야는 가격대가 좀 높지만 수제라는 느낌이 있고 맛도 뛰어나요.

현지인도 자주 다니는, 일본 가정식 체인점
'오오토야 大戸屋'

가정식 반찬을 사 먹을 수 있는 반찬 가게
'KITCHEN ORGIN'

일본에서 집밥 같은 음식을 먹으려면 반찬 가게에 가는 것도 좋습니다. 일본어로 반찬을 파는 가게를 '소자이야惣菜屋'라고 하는데요. 취향에 맞게 반찬을 골라서 포장하는 스타일이에요. 역시 동네마다 소자이야가 있는데, 들어가기 편한 체인점도 있어요. 대표적인 소자이야 체인점이 'KITCHEN ORIGIN'입니다. 이런 가게는 도시락도 파니까 편의점 대신 이용해보는 것도 좋아요.

일본 음식점에서는 왜 국에 뚜껑이 덮여서 나오는 걸까요?
일본 음식점에 가면 국에 뚜껑이 덮여서 나오는 경우가 종종 있어요. 한국에서는 본 적이 잘 없는데, 맞나요? 뚜껑을 덮는 이유는 보온을 위한 것도 있지만, 먹기 직전 뚜껑을 여는 그 순간에 올라오는 향을 즐기려는 마음도 들어 있습니다.

한국 일류 호텔에 입점한 일식집에서는 국에 뚜껑을 덮지 않고 제공하는 경우도 있다고 들었습니다. 손님 중에 일식 문화를 모르는 사람도 많고, 혹시 뚜껑을 덮으면 손님이 불편해할 수도 있기 때문이라고 해요.

외국인 입장에서는 '왜 뚜껑을 손님이 열어야 하지?'라고 생각할 수도 있겠지만, 그것은 일본 식문화라고 생각해주시면 좋을 것 같아요. 국 말고도 뚜껑이 덮여서 나오는 요리들이 있는데요, 그 이유도 국과 마찬가지랍니다. 찰나의 향을 위해서죠.

menu
구수한 일본식 된장국

미소시루
味噌汁
나왔습니다

국을 주문하시려고요? 일본에서도 국은 가정식의 기본이에요. 물론 한국만큼 '밥 먹을 때 꼭 국이 있어야 해!'라는 생각을 강하게 하지는 않지만, 일본인 중에서도 국은 밥상에 있으면 좋다고 생각하는 사람이 많습니다. 혹시 일본의 국이나 국 문화에 대해 궁금한 점이 있었다면 지금 알려드릴게요.

미소시루는 일본식 된장국으로, 일본 가정식의 대표적인 국이에요. 한국에서 된장국을 '가정의 맛'이라 하듯, 일본에서도 미소시루는 그 집의 맛을 상징합니다. 여담이지만, 옛날엔 일본 남자가 프로포즈할 때 "네가 만든 미소시루를 매일 마시고 싶어 君の味噌汁を毎日飲みたい"라고 했다고 합니다(이젠 그런 말은 촌스러워서 안 하지만요).

일본 된장을 일컫는 '미소味噌'는 지역마다 맛이나 색깔이 크게 다르기 때문에 미소시루 맛도 그에 따라 각양각색이에요. 일반적으로 미소시루의 육수는 가츠오부시나 멸치, 다시마 등을 사용합니다. 미소시루는 한국 된장국보다 건더기가 적어요. 보통 한두 가지 정도인데요, 대표적인 것은 미역, 두부, 나도팽나무버섯(일본에서 많이 먹는 버섯 중 하나로, 미끌거리는 식감이 특징이에요), 바지락, 재첩 등으로 해초나 채소가 메인이고 기본적으로 고기는 들어가지 않아요. 재첩이 들어간 미소시루는 해장용으로 먹기도 합니다. 한국에는 해장용 음식이 다양하지만, 일본에는 그런 음식이 많지 않거든요. 재첩 미소시루는 일본에서 귀한 '해장국'이죠.

일본 미소시루와 한국 된장국에는 큰 차이점이 있어요

미소시루는 건더기가 적기 때문에, 한국의 된장국이나 된장찌개처럼 밥반찬의 역할을 하지는 않아요. 그래서 일본 식당에는 미소시루가 별도의 메뉴로 존재하지 않습니다. 어디까지나 사이드 메뉴죠. 아, 그런데 이런 경우는 있어요. 집에서 뭘 해 먹기 귀찮을 때는 밥에 미소시루를 부어서 미소시루고항味噌汁ご飯으로 먹기도 해요. 직역하면 된장국밥인데요, 꼭 고양이에게 주는 잔반과 비슷하다고 하여 '고양이(네코, ねこ)가 먹는 밥'이라는 뜻으로 '네코만마ねこまんま'라고 부르기도 한답니다.

미소시루

menu

**감칠맛 풍부한
돼지고기 된장국**

톤지루 豚汁
나왔습니다

미소시루에 건더기가 많지 않아 아쉬웠다면, 톤지루를 드셔 보세요. 톤지루는 돼지고기가 들어간 일본식 된장국이에요. 채소(무, 당근, 우엉 등)도 미소시루보다 많이 들어가요. 미소시루와 마찬가지로 메인 메뉴가 되는 경우는 적지만, 아주 가끔 '톤지루 정식 豚汁定食'을 파는 정식집도 있습니다.

참고로, 맛있는 톤지루를 먹고 싶다면 톤카츠(298p)가 맛있는 집에 가는 것을 추천해드려요. 톤카츠 맛집에서 맛있는 톤지루를 파는 경우가 많답니다. 톤카츠는 돼지고기 튀김인데요, 아무래도 톤카츠를 만들 때 사용하는 좋은 돼지고기를 톤지루에도 사용하기 때문에 그런 것 같습니다.

국물의 기본, 가츠오부시 かつお節

일본 음식을 만들 때 아주아주 중요한 재료가 있어요. 바로 가츠오부시입니다. 가츠오부시는 가다랑어를 말리고 발효시킨 가공식품이에요. 일본은 가다랑어를 정말 사랑하는 나라거든요(가다랑어는 회로 먹기도 하는데, 제철의 가다랑어회는 참치 못지않게 뛰어난 맛을 냅니다).

가츠오부시는 정말 다양한 일본 음식에 들어가요. 된장국, 우동, 라멘 등 주로 국물이 있는 요리나 조림에 사용하죠. 한국에선 일본에서만큼 많이 쓰이는 재료는 아닌 것 같아요. 비슷해 보이는 한일간의 음식도 가츠오부시 맛 때문에 차이가 느껴질 때가 있는 걸 보면요. 예를 들어, 일본의 소바(144p)와 한국의 메밀국수는 비슷해 보이지만 가츠오부시가 있고 없고로 전혀 다른 풍미를 풍기죠.

후쿠오카 인기 정식집 '왓파 테이쇼쿠도 わっぱ定食堂'. 톤지루가 맛있어요.

얇게 깎은 가츠오부시를 밥이나 연두부에 얹어 먹는 것도 맛있어요. 이렇게 얇게 비치는 가츠오부시는 일본 마트나 편의점에서 쉽게 살 수 있는데요, 가츠오부시는 사실 깎은 후 바로 먹는 게 제일 맛있다고 해요. 앞에서 소개한 일본 가정식 체인점 오오토야는 향이 좋은 가츠오부시를 손님께 대접하기 위해 주문을 받은 후 요리를 내기 직전에 가츠오부시를 잘라서 제공한다고 해요. 미소시루와 톤지루, 각종 국물 속 진하게 배어 있는 가츠오부시 맛을 감상해주세요.

도쿄 시부야에서 가츠오부시 덮밥만 파는
전문점 '가츠오쇼쿠도 かつお食堂'

menu

짭조름한 명란젓

멘타이코
明太子
나왔습니다

후쿠오카현 하카타博多 지방의 명물인 멘타이코. 후쿠오카에 여행을 가면 꼭 멘타이코를 먹고 싶다고 말하는 한국인이 많더라고요. 멘타이코의 뿌리는 한국 '명란젓'인데요, 어느 재일 한인분이 후쿠오카에 와서 개발하고 소개한 것이라고 해요. 멘타이코는 명태알을 고춧가루로 절인 젓갈인데, 일본에서는 이렇게 붉고 매운 젓갈이 거의 없어요. 매운맛에도 불구하고 많은 일본인이 즐겨 먹는 드문 음식이랍니다. '일본인이 좋아하는 반찬 랭킹'에서 1위를 차지했다는 설문조사도 있을 만큼 일본인이 사랑하는 반찬이죠.

하얀 명란젓, 타라코たらこ

고춧가루 말고 소금으로 절인 명란젓을 '타라코'라고 해요. 쉽게 말하면 맵지 않은 멘타이코죠. 한국인에게는 멘타이코가 더 유명한 것 같은데, 일본에서는 타라코도 자주 먹는 음식입니다. 가끔 타라코를 대구알, 멘타이코를 명태알로 구별해서 쓰는 사람이 있는데요, 일본어로 명태(스케토다라, スケトウダラ)는 대구(타라, タラ)의 한 종류이고 실제 사용하는 재료는 똑같아요. 그냥 멘타이코는 매운맛, 타라코는 안 매운맛이라고 생각하면 편합니다.

타라코는 고춧가루를 넣지 않기 때문에 선명한 붉은색의 멘타이코보다 색깔이 연해요. 연분홍색을 띠고, 익히면 크림색에 가까워집니다. 멘타이코는 후쿠오카의 특산물이라는 이미지가 강한 반면, 타라코는 옛날부터 전국 각지에서 먹어온 반찬이고 정말 다양한 요리에 사용돼요. 특히 오니기리의 기본 토핑으로 인기가 많고, 스파게티에 넣어서 익혀 먹기도 합니다. 저는 개인적으로 타라코스파게티(188p)를 좋아해서 집에서도 자주 해 먹어요.

대부분의 일본 스파게티집에 타라코스파게티가 있습니다. 아직은 한국 식당에서 보기 힘든 타라코, 일본에 오시면 타라코 요리도 한번 맛보시길 추천할게요.

새빨간 게 멘타이코, 연한 게 타라코

menu

**부드럽고 달콤한
일본식 달걀말이**

타마고야키
玉子焼き
나왔습니다

특별한 요리는 아니지만, 타마고야키도 일본에서 많은 사랑을 받는 음식입니다. '타마고玉子'는 달걀, '야키焼き'는 굽는다는 뜻으로, 일본의 '달걀말이'라고 보면 될 것 같아요.

한국 달걀말이와 다른, 일본 타마고야키만의 특별한 조리법이랄 건 없어요. 그냥 날달걀을 풀고 적당히 조미료를 넣어 익혀요. 만들 때 전용 프라이팬을 쓰는 경우도 있어요. 모양을 각지고 예쁘게 만들 수 있는 네모난 프라이팬(1~2인용)이에요.

보통은 소금을 조금 넣지만, 도쿄에서는 설탕을 넣어 달콤하게 만들기도 해요. 혹시 일본 스시집에서 타마고야키를 얹은 스시를 드셔보셨나요? 일명 달걀 초밥이라 불리는 스시집의 타마고야키는 단맛이 많이 느껴지죠. 도쿄에서는 바로 그런 맛의 타마고야키를 집에서도 해 먹어요. 어린이들도 즐겨 먹고요. 완성된 타마고야키 위에는 케첩이나 간장, 마요네즈 등을 뿌려 먹습니다.

타마고야키의 일종으로 '다시마키타마고^{だし巻き卵}'라는 것도 있어요. 푼 달걀에 다시^{出汁}(가츠오부시나 다시마를 끓여낸 육수)를 넣어 익힌 타마고야키입니다. 그렇게 하면 식감도 부드러워지고 일본풍의 풍미를 느낄 수 있죠. 그냥 타마고야키보다 좀 더 본격적인 맛이라고 할 수 있겠네요.

남녀노소 인기 만점 타마고야키 정식

menu

아삭아삭 새콤달콤

츠케모노
漬け物
나왔습니다

츠케모노는 직역하면 '절임'으로, 소금, 쌀겨, 된장, 술지게미 등에 채소를 절인 저장식품의 총칭이에요. 일본식 상차림에 빠지지 않고 기본적으로 같이 놓이는 반찬입니다. 한국 김치와 마찬가지로 채소류를 발효시켜서 보존성을 높인 음식으로, 일본인들이 매일 곁들여 먹는 음식이랍니다. 김치처럼 매운맛은 없지만요(가끔 잘게 자른 고추를 살짝만 넣어서 '맛의 악센트'만 주기도 해요).

주로 오이, 무, 순무, 당근, 배추, 매실, 갓 등을 절여서 츠케모노를 만들어요.

살짝 절여서 맛이 연한 것(아사즈케 浅漬け), 쌀겨에 절여 독특한 맛을 낸 것(누카즈케 ぬか漬け), 술지게미과 소금으로 짜게 절인 것(나라즈케 奈良漬け) 등, 츠케모노 안에도 다양한 종류가 있죠.

한국에서도 많이 먹는 타쿠앙 たくあん(단무지)이나 카레를 먹을 때 같이 나오는 후쿠진즈케 福神漬け(붉은색 무 절임), 한국 횟집에서 많이 보이는 락교 らっきょう도 츠케모노의 일종이라고 할 수 있죠. 츠케모노는 정식을 구성할 때도 꼭 들어가지만 기본적으로 양이 적어요. 어느 쪽이냐 하면 한국 김치처럼 존재감이 강한 반찬이 아니라, 어디까지나 상차림의 보좌역이라고 생각하시면 돼요.

양이 적은 츠케모노. 리필은 할 수 없어요.

츠케모노는 리필할 수 없어요

츠케모노는 리필의 개념이 없어요. 일본인들은 식당에서 주는 만큼만 먹는 것이라고 생각하죠. 물론 직원에게 더 달라고 부탁하면 그냥 줄지도 모르겠지만, 그건 현지의 상식과는 좀 다르다고 할 수 있어요.

한국의 반찬 리필 문화에 익숙한 분들에겐 조금 아쉽게 느껴질 수도 있겠지만, 맛이 진하고 간이 센 츠케모노는 적은 양만으로도 충분한 식사가 가능하답니다. 아무래도 이건 적은 반찬으로 식사하는 것에 익숙한 일본 스타일이라고 생각해주시면 좋을 것 같아요.

일본에서는 매운 조미료를 안 쓰나요?

일본은 맵고 자극적인 요리가 아시아에서 가장 적은 나라라고 할 수 있을 것 같아요. 전통적인 일본 음식 중에 매운 음식은 거의 없답니다. 물론 이제는 여러 가지 매운 음식과 향신료가 들어와서 다양한 매운맛에 도전할 수 있게 되었지만요.

보통 일식집에는 고추장, 초고추장은 안 나와요(달라고 해도 없을 거예요). 와사비와 겨자, 고춧가루를 쓰긴 하지만, 그런 일본 조미료는 어디까지나 요리의 맛을 돋보이게 하는 고명이에요. 너무 많이 첨가하면 요리의 풍미를 해친다고 생각하죠.

그런가 하면, 원래 매운 요리가 적었던 것에 대한 반동인지, '게키카라激辛 요리'가 요즘 인기를 끌고 있어요. 게키카라는 '엄청 맵다'는 뜻이에요. 예를 들어 게키카라 마파두부, 게키카라 라멘, 게키카라 카레 등 원래 그렇게까지 맵지 않은 음식을 맵게 만드는 게 유행이에요. 덕분에 매운 것에 익숙해진 일본인이 늘어나고 있습니다.

일반적으로 일본에서 매운 음식은 더운 여름에 먹는 음식이라는 이미지가 강해요. 한국의 이열치열 같은 마음이죠. 여름이 오면 한식집이 아닌 체인점이나 편의점에서도 김치찌개, 순두부 같은 메뉴를 출시해요. 일본인 입장에서 말씀드리자면 찌개류 한식은 충~분히 매운 요리입니다. 익숙하지 않으면 못 먹는 사람도 꽤 있고요. 그런 일본인들은 한국 여행을 할 때 맵지 않은 음식을 찾느라 고생을 하기도 하지요.

동네 슈퍼 츠케모노 코너.
사실 츠케모노 코너에서 제일 잘 나가는
메뉴는 한국의 배추 김치랍니다.

nemo's dessert

담백하고 부드러운

만쥬는, 밀가루를 반죽하여 팥소를 넣고, 둥글게 빚어 찐 와가시입니다. 중국에서 들어온 찐빵인 만터우饅頭가 일본에서 현지화된 것이에요. 일본에서 만쥬는 식사류가 아니라 과자, 후식입니다. 만쥬는 맛이나 종류가 다양한데요, 앙금으로는 주로 팥이나 고구마, 밤 등 달콤한 것을 사용해요. 일본 료칸旅館(여관. 온천도 병설된 일본 전통식 숙소)에서 방 테이블 위에 꼭 준비되어 있는 과자가 바로 만쥬인데, 온천을 하기 전에 단것을 먹어서 혈당을 올리기 위해 만쥬를 먹는다고 해요.

만쥬는 한자로 쓰면 한국 만두와 글자가 똑같은데요, 한국에서 '만두'라고 하면 다진 고기나 채소 등으로 만든 소가 들어 있죠. 일본에서 그런 음식은 교자餃子(326p)라고 합니다. 이렇게 음식이 전래되는 과정에서 이름이나 조리법이 바뀌는 것은 아시아에서 흔히 볼 수 있는 일인 것 같아요.

츠부앙 대 코시앙

일본 단팥 소는 츠부앙つぶあん(통팥)과 코시앙こしあん(으깬 팥)으로 나뉩니다. 팥 껍질을 걸러낸 코시앙의 식감이 더 부드러운 편이에요. 츠부앙과 코시앙 모두 만쥬를 비롯해 각종 와가시의 속재료로 사용되는데요, 한국의 탕수육 '부먹' 대 '찍먹'만큼은 아니지만, 일본인도 츠부앙 대 코시앙으로 취향이 갈려요. 가끔 어떤 파인지 싸우기도 하고요. 만쥬 같은 경우 츠부앙, 코시앙 둘 다 파는 경우도 있어서 취향껏 골라 먹으면 됩니다.

일본 온천에 가면 먹을 수 있는 '온센만쥬温泉まんじゅう'. 현지 온천의 수증기를 이용해서 찌기도 해요.

일본 마트에서 파는 츠부앙과 코시앙

table no.3

丼ぶり

한 그릇의 기쁨,
돈부리

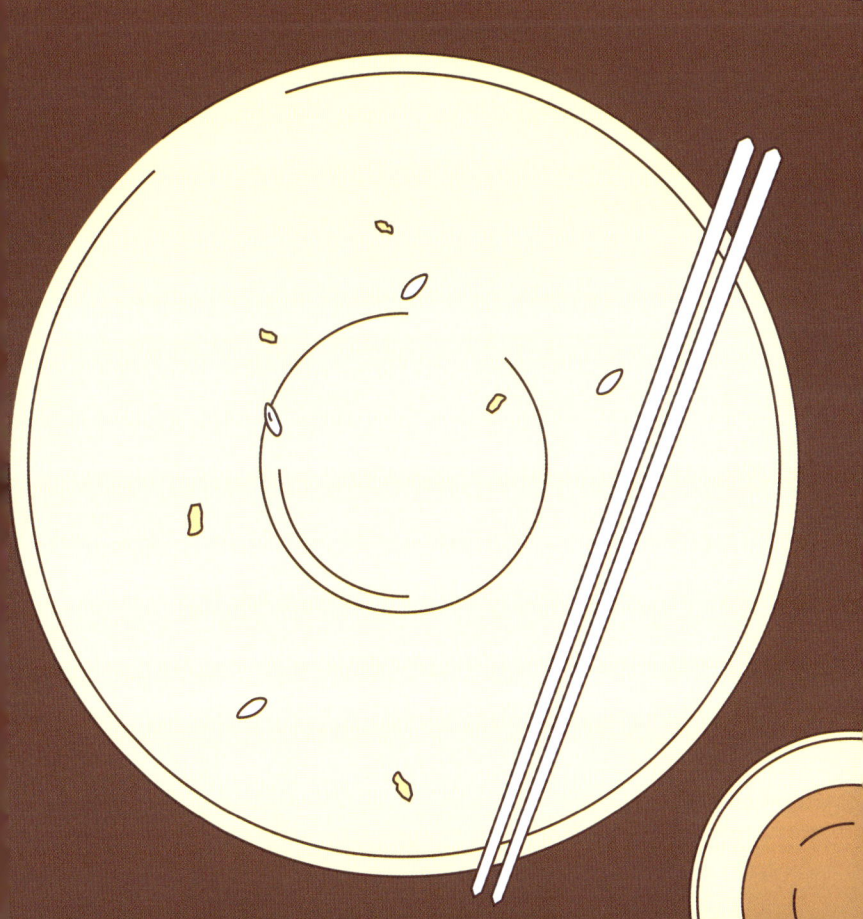

nemo's memo

옆 테이블 네모로부터

> 돈부리 丼ぶり
> 알고 먹으면
> 더 맛있어요!

돈부리는 밥 위에 식재료를 얹은 '일본식 덮밥'입니다. 돈부리를 일본 음식의 한 장르로만 아실 수도 있는데요, 원래는 '밥그릇'이라는 뜻도 가지고 있어요. 일반적인 일본 밥그릇보다 크고 식재료를 얹을 수 있게 위로 갈수록 면적이 넓은 것이 특징입니다. 그렇기 때문에 라멘이나 우동을 담는 그릇도 전부 돈부리라고 불러요.

돈부리는 밥 위에 무얼 얹었느냐에 따라 이름이 달라집니다. 돈부리를 줄여 '동丼'이라 부르고, 앞에 재료 이름만 붙이면 끝입니다. 예를 들어 소고기덮밥은 규동牛丼, 돼지고기덮밥은 부타동豚丼, 튀김덮밥은 텐동天丼이라고 부르죠.

돈부리는 놀랍게도, 일본의 패스트푸드예요

돈부리는 한 그릇에 밥과 반찬을 한꺼번에 담아 먹는 음식입니다. 한 손으로 먹을 수 있어서 편하고, 빨리 만들어 바로 먹을 수 있으니 일본식 패스트푸드라고 할 수 있습니다. 돈부리를 파는 체인점(=패스트푸드점)은 일본인의 일상에서 빼놓을 수 없는 가게예요.

또 만들기 쉽기 때문에 집에서도 간단하게 해 먹어요. 밥 위에 식재료를 얹으면 무엇이든 돈부리라고 할 수 있죠. 일본인은 냉장고에 남은 음식을 간단히 조리해서 밥에 얹어, ○○동을 만들어 먹기도 합니다. 카레, 함바그, 고로케, 생선구이 등 정말 무엇이든 얹을 수 있는데요, 어떤 재료도 메뉴가 된다는 점이 돈부리의 매력 같아요.

'돈부리'란 그릇의 이름입니다.

함바그를 밥에 얹으면 바로 '함바그동!'

먹기 전에 잠깐! 일본에서 돈부리 먹는 방법을 알려드릴게요

한국과 일본의 음식 문화에는 여러 가지 차이가 있는데요, 그중 하나가 일본에서는 밥을 먹을 때 밥그릇을 들고 먹는다는 거예요. 일본에서는 어렸을 때부터 '밥그릇은 들고 먹어야 한다'고 가르칩니다. 일본 음식을 먹을 때는 보통 숟가락이 함께 나오지 않아요. 그래서 그릇을 입 가까이 대야 편하게 먹을 수 있답니다. 인기 먹방 드라마 〈고독한 미식가 孤独のグルメ〉에서 주인공인 고로 아저씨가 그릇을 입 가까이에 대고 단숨에 후루룩 먹는 모습을 본 적 있으시죠? 여러분도 일본에서 돈부리를 먹을 때 한번 그렇게 드셔보기를 추천해요.

아, 한국인 친구에게서 "돈부리를 들고 먹으면 무거워서 힘들지 않아요?"라는 말을 몇 번 들은 적 있어요. 먹는 동안 계속 그릇을 들고 있으면 당연히 힘들겠지만, 적당히 들었다가 내려놓았다가 하기 때문에 그릇이 무겁다고 느껴본 적은 없는 것 같아요.

돈부리를 비비지 않고 그대로 먹는 이유

일본인은 돈부리를 비비지 않고 그대로 먹어요(마찬가지로 카레도 비비지 않아요). 한국에 규동을 비벼 먹는 사람들이 있다고 들었을 때 처음에는 솔직히 '에이 설마?!' 했습니다. 일본인에게는 상상도 못할 일이거든요. 이제는 비벼 먹는 한국 음식이 많다는 걸 알게 되어서 돈부리를 비벼 먹는 한국인을 보아도 '아, 그렇구나' 하는데요. 그 비벼 먹는 식습관에 관심이 생겨 한국인 친구에게 물어본 적이 있습니다. 제

한국인 친구는 "양념이 골고루 잘 섞여서 균일한 돈부리 맛을 낼 수 있도록 비벼 먹어요"라고 하더라고요. 그래서 한국인은 돈부리를 비빔밥처럼 생각할 수 있겠다 싶었습니다.

일본인은 돈부리를 먹을 때 양념이 고여서 맛이 진한 부분과 양념 맛이 없는 맨밥이 나뉘어 있어도 크게 신경 쓰지 않아요. 오히려 똑같이 비벼 놓으면 재미가 없다고 생각하는 사람도 있습니다. 일본인은 먹으면서 '맛이 변해가는 것'을 즐기는 경향이 있는 것 같아요. '비비는 것은 예쁘지 않다'라고 생각하는 사람도 있고요.

그래서 일본에서는 자기 손으로 비벼서 먹는 음식이 거의 없었습니다. 일본식 비빔밥인 마제고항 まぜご飯 같은 요리는 이미 비벼진 상태로 나오기 때문에 직접 비빌 필요가 없거든요. 요즘 유행하는 마제소바 まぜそば(127p), 아부라소바 油そば(125p), 국물이 없는 탄탄멘 担担麵(129p) 등 비벼 먹는 면 요리는 일본에 원래 없던 음식이고요.

다른 한국인 친구는 또 이런 얘기를 하더라고요. "규동을 비비지 않고 그대로 먹으면 고기만 먼저 먹어버려서 밥이 남을 것 같아." 의식해본 적 없지만, 일본인은 비비지 않아도 끝까지 고기와 밥을 조화롭게 먹을 수 있는 것 같아요(물론 개인차는 있지만요!). 제 생각에는, 어렸을 때부터 돈부리를 비비지 않고 먹어왔기 때문에 자연스럽게 반찬과 밥의 양을 잘 계산해서 먹는 훈련이 된 게 아닐까 싶은데 말이죠.

menu
든든한 한 끼

규동 牛丼
나왔습니다

규동은 소고기와 양파를 간장 베이스로 끓이고 밥 위에 얹은 돈부리입니다. '규牛'는 소고기를 뜻해요. 원래는 규나베牛鍋(도쿄가 있는 간토 지방풍 소고기 전골)를 밥에 얹어 먹은 것이 시작이었다고 해요. 일부 지역이나 가게에서는 '규메시牛めし'라고 부르기도 합니다. 유명 체인점인 '마츠야松屋'에서도 규메시라고 부르죠.

제 생각에 일본 남자들이 가장 즐겨 먹는 돈부리가 규동이 아닐까 싶습니다. 제가 한국에 살 때 너무너무 그리웠던 일본 음식 역시 규동이었어요. 그래서 일본에 귀국할 때마다 공항에서 유명한 규동 체인점인 '요시노야吉野家'로 직행해 규동을 먹곤 했답니다. 일본인은 규동을 먹을 때 체인점을 자주 이용해요. 제대로 된 규동 전문점이 드물고 체인점에서도 충분히 맛있는 규동을 먹을 수 있기 때문입니다. 고급 음식점의 '최고 등급 와규 소고기를 사용한 최고의 규동!' 같은 메뉴는 당연히 맛있을 수밖에 없지만, 그건 일본인이 생각하는 대중적이고 가볍게 먹을 수 있는 규동과는 좀 다릅니다.

규동 양념을 많이 넣어 먹는 방법, '츠유다쿠 つゆだく'

규동을 좋아하는 일본인 중 일부는 국물이 많은 규동을 원하는 사람도 있는데, 이를 츠유다쿠つゆだく라고 합니다. '츠유つゆ'가 규동의 양념을 가리키는 일본어거든요. '다쿠だく'는 '많다'는 뜻이고요. 주문할 때 츠유다쿠라고 말하면 국물을 많이 넣어줘요(보통 공짜입니다). 츠유다쿠로 주문한 규동은 어떻게 보면 국밥 같기도 한데요, 일본 규동의 양념은 상당히 짠 편이에요. 익숙하지 않으면 너무 짜서 먹기 힘들 수도 있으니, 처음 먹을 때는 그냥 기본으로 주문하는 것을 추천합니다. 일본 규동 맛에 익숙해진 뒤 더 진한 맛도 좋을 듯하다 싶으면 츠유다쿠에 도전해보세요!

오래전부터 규동 팬들이 찾는,
신주쿠 돈부리 맛집 '타츠야 たつ屋'의 규동

일본 규동 3대 체인점

일본에는 유명한 규동 3대 체인점이 있어요. 각 점포의 특징을 소개합니다.

요시노야 吉野家

규동 업계 1위의 체인점, 요시노야입니다. '우마이 야스이 하야이 うまい、安い、早い' 즉, '맛있다, 싸다, 빠르다'라는 뜻의 요시노야 캐치프레이즈가 일본에서 매우 유명해요. 일본 규동 맛의 기본이라고 할 수 있고, 역시 규동은 요시노야가 제일 맛있다고 말하는 일본인이 굉장히 많습니다.

2019년 일본 내 점포 수는 약 1200곳, 해외 점포 수 약 900곳. 미국과 아시아 각국에 많이 진출해 있어요. 한국에도 1990년대에 진출했으나 1998년에 전부 철수했답니다. 이유는 여러 가지였는데요. 가격 문제와 함께 그 당시 한국에는 '혼밥 문화'가 없었기 때문이라고 짐작하고 있어요. 일본에서 규동은 혼자 먹어도 전혀 불편하지 않은 음식이기 때문에, 식당의 구조가 기본적으로 카운터석(바 자리)밖에 없는 스타일이에요. 그 스타일 그대로 한국에 진출했으나 90년대 한국과는 문화적으로 안 맞았던 것 같아요. 혹시 요시노야가 지금 다시 한국에 진출한다면 좀 더 잘되지 않을까 싶기도 하네요.

규동 하면 뭐니 뭐니 해도 역시 '요시노야 吉野家'

마츠야 松屋

마츠야도 일본인들이 자주 애용하는 체인점이에요. 점포 수는 약 1000곳 정도로 요시노야보다는 살짝 적은데요, 일본 각 동네, 특히 역 앞에서 많이 볼 수 있어요. 마츠야는 규동을 규메시라고 부르는데요, 규동과 차이는 없습니다(그냥 호칭의 차이라고 생각하면 돼요). 솔직히 예전에는 '마츠야 규메시의 맛은 별로'라는 이미지가 있었는데, 요 몇 년 질 좋은 '프리미엄 규메시'를 개발하면서 맛이 좋아진 것 같아요. 마츠야는 규동 전문점이라기보다 돈부리나 정식 등 다양한 장르의 음식을 파는 체인점입니다. 규메시에 카레를 얹은 카레규 カレギュウ가 유명하고, 함바그정식도 인기 메뉴입니다.

계절마다 나오는 한정 메뉴도 있는데, 한식 한정 메뉴도 자주 팔아요. 일본인 입맛에 맞춘 한식이나, 한국에서 보기 어려운 스타일의 퓨전 한식이 많아요. 예를 들어 '비빔동 ビビン丼', '찌개나베 정식 チゲ鍋定食' 등. 언어를 배우는 사람이면 '왜 그런 이름을 붙였지?' 싶은 메뉴들도 있는데('찌개'와 '나베'는 거의 같은 말이라 반복해서 쓰는 꼴이 돼요), 맛만 놓고 보면 한번 시도해볼 만한 맛이라고 생각합니다.

편안하게 가기 좋은 '마츠야 松屋'

스키야 すき家

스키야는 토핑이 아주 다양해서 인기 있는 규동 체인점입니다. 요시노야는 (이제 메뉴가 좀 다양해졌지만 그래도 아직) '규동의 맛'만으로 승부하는 장인문화가 느껴지는 곳이에요. 반면 스키야는 원래부터 규동 메뉴의 다양성이나 기발한 메뉴로 인기를 끄는 스타일이었죠. 인기 메뉴는 치즈 규동, 네기타마 규동(파와 달걀 토핑이 올라간 규동), 김치 규동, 카레 규동, 비빔밥 규동 등이 있습니다. 저는 스키야의 치즈 규동을 좋아하는데요, 반숙 달걀을 토핑해서 베니쇼가(식초에 절인 붉은 생강)와 매운 타바스코 소스를 뿌려 함께 먹으면 더 맛있어요.

규동 체인점은 앞서 얘기했듯 긴 바 형태의 카운터석밖에 없는 경우가 많은데요, 스키야는 테이블석도 있는 점포가 많아요. 그래서 혼자 온 손님뿐만 아니라 가족 단위나 친구와 같이 오는 사람에게도 인기가 많습니다.

기발한 토핑 천국 '스키야 すき家'

스키야 인기 메뉴, 치즈 규동

menu

톤카츠와 또 다른 매력

카츠동 かつ丼
나왔습니다

카츠동은 쉽게 말하면 '톤카츠 덮밥'이에요. 톤카츠(일본식 두툼한 돈가스, 298p)와 양파, 그리고 푼 달걀을 간장 베이스 국물인 와리시타割り下에 같이 끓이고, 밥에 얹어 먹습니다. 푼 달걀은 살짝만 끓여서 반숙란 상태로 만드는 경우도 있어요. 살짝 끓인 카츠동은 바싹한 튀김옷 식감이 약간 남아 있는데요, 그 미묘한 식감을 좋아하는 일본인도 많아요. 색깔을 예쁘게 만들기 위해 미츠바三つ葉(미나리의 일종)나 그린피스(완두콩의 일종)를 토핑으로 올리기도 합니다.

카츠동은 돈부리 중에서도 대표적인 돈부리 요리로, 일본에서는 규동에 지지 않을 만큼 인기가 많습니다. 제 생각에 한국에서 카츠동은 톤카츠만큼 인기가 많지는 않던데요, 맞나요? 한국에는 톤카츠만 팔고 카츠동은 안 파는 집도 있지만, 일본에서는 대부분의 톤카츠 가게에서 카츠동을 함께 팝니다. 톤카츠와 카츠동의 '인기도'는 큰 차이가 없다고 할 수 있을 것 같아요.

일본 경찰서 취조실에서 카츠동이 나온다?

옛날 형사물 드라마를 보면, 경찰서 취조실에서 형사가 범인을 취조할 때 카츠동을 배달시켜주는 장면이 종종 나와요. 어쩔 수 없이 죄를 지은 용의자가 자백할까 말까 고민할 때 형사가 카츠동을 주고, 용의자는 울면서 먹다가 자백을 한다, 이런 에피소드가 꽤 등장합니다.

전통을 지키는 노포 톤카츠집 '긴자바이린 銀座梅林'. 이곳의 '스페셜카츠동'도 인기 메뉴입니다.

당연히 드라마 안에서만 볼 수 있는 이야기인데요. 왜 그런 장면이 많았을까요? 원래 고기요리가 적은 일본에서 카츠동은 푸짐한 고기요리의 상징이었어요. 그런 카츠동을 자기 돈으로 사주는 것은 바로 형사의 '정'을 의미하죠. 어디까지나 드라마의 이미지이나, 일본인이 옛날부터 카츠동을 얼마나 좋아했는지를 보여주는 에피소드인 것 같아요.

소바집에서 파는 카츠동이 의외로 맛있어요(소곤소곤)
일본식 메밀국수인 '소바'를 파는 가게에 가면 카츠동이나 텐동 등 돈부리류를 함께 파는 곳이 대부분이에요. 소바와 세트 메뉴로 주문할 수도 있고, 단품으로 그냥 돈부리만 먹는 사람도 있죠. 소바집에서 먹는 카츠동이 의외로 맛있는 경우가 있다고 하는데, 왜 그럴까요?

카츠동의 톤카츠를 끓일 때 사용하는 간장 베이스의 국물 '와리시타'는, 간장에 미림, 설탕, 맛술 등을 넣어서 만들어요. 그런데 소바집에서는 여기에 소바 국물이 더해진답니다. 국물은 소바 맛의 생명이니, 그 국물을 활용해서 만드는 카츠동 역시 맛있을 수밖에 없는 것이죠. 소바 국물에 사용하는 가츠오부시나 다시마 엑기스 덕분에 깊고 일본다운 맛을 더욱 느낄 수 있는 것 같아요.

소스카츠동 ソースカツ丼
카츠동이라고 하면 위에서 말씀드린 대로 간장 베이스 국물로 끓인 것이 보통인데요. 일부 그렇지 않은 카츠동도 있습니다. 바로 소스카츠동이에요.

소스카츠동은 밥 위에 채 썬 양배추를 얹고, 그 위에 톤카츠와 소스를 뿌린 덮밥입니다. 여기서 포인트는 간장이 아니라 새콤달콤한 톤카츠용 소스를 뿌린 것인데요. 뭐, 그냥 '톤카츠 정식とんかつ定食'을 시켜서 톤카츠와 소스, 밥을 따로 먹으면 될 텐데, 편히 먹을 수 있는 돈부리 형태를 좋아하는 일본인은 소스카츠동으로 먹기도 해요. 소스카츠동은 일부 일본 지방의 향토 요리로 정착하였어요. 지방마다 특색 넘치는 소스가츠동이 기다리고 있으니 카츠동을 좋아하신다면 색다른 소스카츠동에도 한번 도전해보세요.

한국에도 진출한 톤카츠 체인점
'카츠야かつや' 소스카츠동도 팝니다.

menu

**먹자마자
맥주가 당기는 맛**

텐동 天丼
나왔습니다

한국에서도 인기가 많은 텐동! 텐동은 텐푸라 돈부리 天ぷら丼의 줄임말로, 말 그대로 텐푸라(262p), 즉 튀김을 밥에 얹은 돈부리입니다. 보통 밥에 텐푸라를 얹고 양념을 뿌려 먹어요. 종류는 여러 가지 있지만, 새우 튀김을 얹은 '에비텐동 海老天丼'이 가장 대표적이에요(그냥 텐동이라고 해도 새우 튀김을 얹은 텐동을 말하는 경우가 많아요). '텐푸라소바 天ぷら蕎麦' 역시 새우 텐푸라를 얹어 나오는 것이 대부분입니다. 물론 야채나 생선 등 다른 종류의 텐푸라를 텐동에 얹어 내는 가게도 있어요.

텐푸라집에서 텐동도 같이 파는 경우가 많은데요, 텐동은 텐푸라보다 좀 더 서민적이고 가격이 저렴한 음식이에요. 점심 메뉴로 텐동만 팔고 저녁에 텐푸라 요리를 파는 곳도 있습니다. 텐동은 그냥 식사 메뉴라서 회전율이 빠른 데 비해 텐푸라는 술과 같이 오래 먹는 고급스러운 코스 음식이기 때문이죠.

텐동이라는 요리가 어떻게 탄생했냐면요

텐푸라는 '에도 3대 요리' 중 하나이고, 1603년에서 1868년까지 200년이 넘는 긴 에도시대 중 후반에 들어서야 서민에게 보급됐다고 해요. 텐푸라는 원래 노점에서 팔았고(불을 쓰는 요리이기 때문에 밖에서 만드는 것이 안전해서 그런 것 같아요), 식사라기보다 간식에 가까운 음식이었답니다. 나중에 텐푸라와 텐동은 제대로 된 가게에서 먹는 스타일과 패스트푸드처럼 먹는 스타일 두 가지로 양극화되었는데요. 따지고 보면 패스트푸드처럼 먹는 것이 전통적인 스타일에 가깝다고 할 수 있겠죠. 아무튼 텐푸라를 팔던 가게 주인이 워낙 장사로 바쁘니까 본인의 식사 시간을 절약하기 위해 밥에 텐푸라를 얹어 먹기 시작했고, 그걸 손님에게도 팔기로 한 것이 텐동의 시작이라는 게 정설입니다. 바쁜 시간을 단축해 준다는 점에서 돈부리는 예나 지금이나 고마운 음식인 것 같아요.

후쿠오카 인기 생선 맛집 '우오츄魚忠'의 텐동.
큰 새우와 보리멸, 각종 채소 텐푸라를 푸짐하게 얹었습니다.

menu

**닭고기와 달걀을
함께 즐기는 돈부리**

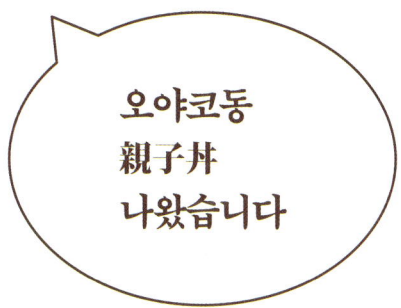

오야코동
親子丼
나왔습니다

오야코동도 대표적인 돈부리 장르 중 하나입니다. 닭고기와 푼 달걀을 간장 베이스 국물에 끓여서 밥에 얹은 덮밥이에요. 오야코동의 달걀은 반숙이나 날것에 가까운 정도로 살짝만 익힌 상태로 나오기도 해요. 신선한 날달걀을 좋아하는 일본인도 많기 때문인 것 같아요. 앞서 얘기했던 타마고카케고항(34p)처럼요.

오야코동은 돈부리 체인점 같은 곳에서 편하게 먹을 수 있는데요, 오야코동만 따로 파는 전문점은 그리 많지 않아요. 닭꼬치(야키토리, 燒き鳥)집처럼 닭고기 요리를 파는 가게에 가면 메뉴에 있는 경우도 많습니다. 또한 카츠동이나 텐동과 마찬가지로 소바집에서 팔기도 해요.

오야코동이라는 호칭의 유래는요.

일본어로 '오야코親子'는 '부모와 자식'이라는 뜻이에요. '오야親'는 부모, '코子'는 자식이라는 단어거든요. 여기서 부모는 닭, 자식은 달걀을 가리킵니다. 닭고기와 달걀이 함께 들어가서 이런 이름이 붙었는데요, 생각해보면 좀 잔인한 이름인 것 같지만 맛있으니까요, 뭐… 하하.

참고로 연어회와 연어알을 얹은 돈부리도 마찬가지 방식으로 부르는데요, 연어를 뜻하는 '사케鮭'와 연어알을 뜻하는 '이쿠라いくら'를 붙여 '사케이쿠라 오야코동鮭いくら親子丼'이라고 부르기도 합니다.

오야코동도 탄생 이야기가 있어요

이번에는 오야코동이라는 요리가 어떻게 탄생했는지를 이야기해드릴게요. 오야코동을 처음 만든 가게는 1760년 문을 연, 도쿄 닌교초人形町에 있는 노포 맛집 '타마히데玉ひで'입니다. 타마히데는 닭고기 전골을 주메뉴로 파는 가게였는데요, 오야코동을 팔기 시작한 건 1891년쯤이래요. 원래 일본에서 전골, 스키야키(232p)라고 하면 당연히 소고기를 사용해 만드는 음식이었는데 당시 타마히데에서는 소고기 대신 닭고기를 조리해서 제공했어요. 그러던 어느 날, 한 손님이 전골을 먹고 남은 육수에 닭고기와 달걀을 넣고 밥에 얹어 먹는 걸 보고 아이디어를 얻었다고 합니다(일본 요리 중에는 이렇게 손님이나 직원들이 나름대로 먹는 법에서 착상을 얻은 음식이 종종 있어요).

생각해보면 오야코동 육수는 스키야키 육수와 맛이 좀 비슷한 것 같기도 하네요. 사람들이 스키야키를 먹을 때 날달걀에 찍어 먹는 것도 뭔가 통하는 점이 있는 것 같죠?

미쉐린 선정 맛집 '타카하시 炭火燒鳥たかはし'에서
런치 메뉴로 제공하는 숯불 오야코동

menu
두툼한 돼지고기 덮밥

부타동은 돼지고기, 그중에서도 주로 삼겹살이나 등심 부위를 구워 밥에 얹은 돈부리예요. 지금은 일본 각지에서 먹을 수 있는 돈부리지만, 원래는 홋카이도 오비히로 帯広 지방의 명물입니다. 옛날에 일본 본토 사람들이 홋카이도로 새로운 토지를 개척하러 갔을 때, 영양가 많은 음식을 먹기 위해 오비히로 현지에서 양돈업을 시작했대요. 그러다가 1933년쯤 오비히로에서 생겨난 향토 요리가 부타동이었답니다. 숯불로 구운 돼지고기를 밥에 얹은 심플한 음식임에도 불구, 단짠단짠 맛을 내는 간장 양념과 적당히 지방이 있는 돼지고기가 잘 어울려서 밥이 계속 들어가는 음식으로 조금씩 이름을 알렸어요.

참고로 규동 체인점에서 파는 부타동은 오비히로식과 좀 다른 스타일인 경우가 많아요. 예전에는 부타동이 그리 유명한 음식은 아니었어요. 부타동이 유명해진 계기는, 2000년대 초반 광우병 사태로 규동 체인점에서 규동(소고기덮밥) 대신 부타동(돼지고기덮밥)을 판매한 것 때문이라고 해요. 이때 규동 체인점에서 판매한 부타동은 고기가 좀 잘게 잘려 나오는 스타일입니다. 체인점은 가격이 저렴한 편이어서 고기를 두툼하게 잘라 숯불로 굽는 진정한 오비히로식 부타동을 맛보기 어려운 것 같아요. 양념도 규동과 비슷해서 '규동식 부타동'이라고 할 수 있을 것 같아요. 규동 체인점 중 광우병 사태가 수습된 후에도 부타동을 파는 곳이 남아 있는데요, 오비히로식을 파는 곳은 거의 없으니 제대로 된 오비히로식 두툼한 부타동을 먹고 싶다면 부타동 전문점을 방문해주세요.

부타동의 고장인 오비히로에서
최고의 맛을 자랑하는 '하게텐 はげ天'

도쿄에서 본격적인 오비히로식 부타동을
먹을 수 있는 '부타다이가쿠 豚大学'

menu

해산물 풍미의 향연

카이센동
海鮮丼
나왔습니다

카이센동은 '일본식 회덮밥'이에요. 생선회를 밥에 얹어 먹는 돈부리류 전반을 가리키는 요리 장르입니다. 보통은 몇 가지 생선회를 골고루 밥 위에 얹어 내는 스타일이 많아요. 쓰이는 생선회의 종류는 지역마다 다르고, 그날 가게에 들어온 '제철 추천 생선'으로 만들기도 해요. 주로 참치, 오징어, 단새우, 고등어, 전갱이, 연어알, 네기토로 등을 얹습니다. '네기토로ねぎとろ'는 참치의 뼈 주변이나 껍질 밑의 살을 긁어낸 부위인데요, 일본인들이 이 부위를 너무 좋아해서 스시집에 가면 꼭 볼 수 있는 메뉴예요. 카이센동의 밥은 초밥과 마찬가지로 식초가 들어간 밥을 사용하기도 합니다.

여러 가지를 넣지 않고 한두 가지 주요 생선회만으로 만드는 카이센동도 있습니다. 예를 들어 마구로동(참치덮밥, 鮪丼), 사케동(연어덮밥, 鮭丼), 우니동(성게덮밥, うに丼), 이쿠라동(연어알덮밥, いくら丼) 같은 것들이에요. 참치를 사랑하는 일본인에게는 마구로동이 특히 인기 메뉴고요. 아, 마구로동

은 '텟카동鉄火丼'이라고 부르기도 합니다. 쇠(鉄)를 불(火)로 달구면 빨갛게 되는데, 그게 참치 색깔과 비슷하다고 해서 그렇게 부른답니다.

잠깐! 카이센동은 초장에 비벼 먹으면 안 돼요
한국 회덮밥과 다른 점은 역시 비비지 않고 먹는다는 것, 그리고 초고추장이 아니라 와사비 간장으로 먹는다는 것이에요. 와사비는 생선과 같이 밥에 얹어 나오는데요, 그 와사비를 일단 앞접시에 옮기고 간장에 적당히 풀어, 카이센동에 다시 뿌려서 먹습니다. 초고추장을 달라고 해도 보통 일본 가게에는 없기 때문에 받을 수 없을 거예요.

카이센동은 스시집에서 팔아요(일부 고급스러운 스시집에는 없는 곳도 있어요). 스시보다 가격이 저렴한 편이고, 주요 런치 메뉴인 경우도 있습니다. 이런 점은 한국의 회덮밥과도 비슷하네요. 수산시장 같은 곳에 가면 관광객 대상으로 카이센동을 주로 파는 가게도 있고, 백화점이나 동네에는 카이센동 포장 전문 매장도 있을 정도로 생각보다 접근성이 좋은 음식이에요. 일본에서 카이센동을 드시게 된다면, 초장이 아닌 간장의 매력을 꼭 느껴보시길 바랄게요.

카이센동의 또 다른 이름, 치라시 ちらし
일부 스시집에서는 카이센동을 '치라시'라고 부르기도 합니다. '치라시 ちらし'는 밥 위에 식재료를 '뿌리다'라는 뜻이거든요.

도쿄가 있는 간토 지방의 일부 스시집에는 '바라치라시 ばらちらし'라는 메뉴도 있는데요. 잘게 썬 생선회와 달걀말이, 오이 등을 얹어 예쁘게 담은 음식입니다. 바라치라시는 디너 메뉴에 사용하는 생선회 중 남은 것이나, 스시로 제공하기 어려운 부위를 활용한 메뉴예요. 그래서 비교적 싸게 먹을 수 있습니다. 혹시 고급 스시집의 런치 메뉴에 바라치라시가 있으면 꼭 주문해보세요. 맛은 물론 가성비도 좋아서, 저도 항상 주문하는 메뉴예요.

일본 가정식 스타일의 회덮밥, '치라시즈시 ちらし寿司'도 있어요. 이름에 스시寿司가 들어가지만, 초밥이 아니라 덮밥이랍니다. 정확히 카이센동과 똑같지는 않고, 생선회 외에 여러 가지 식재료도 듬뿍 들어간 모둠 덮밥에 가까워요. 빨랫대야만큼 큰 나무그릇에 생선회와 표고버섯, 완두콩 껍질, 연근 등을 같이 얹어 아주 화려하게 담아내는 요리입니다. 집안에 좋은 일이 있을 때나 소소한 파티를 할 때 자주 먹는 음식이에요.

고급 해산물을 가득 얹은 카이센동
초인기 맛집 '츠지한 つじ半'

신주쿠 스시집 '타쿠미마코토 匠誠'의
런치 한정 메뉴 바라치라시

menu

힘이 솟는 여름 보양식

우나동 うな丼
나왔습니다

마지막 돈부리는 우나동이네요. '우나기 うなぎ'를 얹은 돈부리, 즉 '장어덮밥'입니다. 가끔 민물장어인 '우나기 うなぎ'와 바닷장어인 '아나고 穴子'를 헷갈려 하는 분들이 있더라고요. 일본에서 우나동이라고 하면 민물장어를 얹은 장어덮밥을 말합니다. 바닷장어를 얹은 덮밥은 '아나고메시 あなご飯'라고 불러요.

우나동에 들어갈 장어는 '카바야키 蒲焼き'라는 조리법으로 구워요. 간장에 설탕, 미림, 맛술 등을 넣어 단짠단짠한 맛을 내는 양념을 발라 꼬치에 꿰어 굽는 조리법입니다. 굽는 방법은 간토 関東(도쿄가 있는 동일본 지역)와 간사이 関西(오사카가 있는 서일본 지역)가 다르답니다.

간토풍 우나동은, 장어의 등 부분부터 손질을 시작해 미리 구웠다가 쪄놓고, 손님이 주문하면 그때 양념을 발라서 다시 구워요. 찌는 과정이 있기 때문에 장어 살이 굉장히 부드러운 것이 특징이죠. 입에 넣으면 사르르 녹는 식감을 즐길 수 있어요.

한편 간사이풍 우나동은, 배 부분에서 손질을 시작하고 간토풍처럼 미리 쪄놓지 않아요. 양념을 발라서 바로 굽습니다. 대신 이 과정을 몇 번 반복하기 때문에 요리가 나올 때까지 시간이 좀 걸리는 편이에요. 간토풍처럼 부드러운 식감은 덜하지만, 장어 껍질이 바삭해서 오히려 좋다고 하는 사람도 있습니다. 일부 가게에서는 밥 위에 장어를 올리는 대신, 밥 안에 장어를 넣어 마지막에 식감을 부드럽게 하는 곳도 있어요.

간토풍 우나동이 먹고 싶다면
도쿄 칸다의 '우나쇼 うな正'

간사이풍 우나쥬가 먹고 싶다면
도쿄 긴자의 '효탄야 ひょうたん屋'

우나동? 우나쥬? 히츠마부시?

우나동うな丼, 우나쥬うな重, 히츠마부시ひつまぶし는 모두 장어덮밥을 뜻하는 말이에요. 혹시 어떤 차이가 있는지 아시나요?

우나동은 장어를 돈부리에 담은 것을, 우나쥬는 장어를 '쥬바코重箱'라는 나무로 된 네모난 밥그릇에 담은 것을 뜻해요. 밥그릇의 차이라고 생각하면 되죠. 일반적으로 우나동보다 우나쥬의 장어 양이 더 많고 가격도 그만큼 비싼 경향이 있어요. 만약 둘 다 메뉴에 있고, 예산과 상관없이 더 푸짐하게 먹고 싶다면 우나쥬를 고르면 됩니다.

히츠마부시는 일본 나고야名古屋 지방식 장어덮밥이에요. 먹는 방법에 순서가 있다는 게 특이한 점이라고 할 수 있는데요.
1. 우선 나온 그대로 먹다가 2. 중간에 고명(파, 산초, 와사비 등)을 적당히 넣어 먹고 3. 마지막에 다시 육수를 밥에 부어 오차즈케(39p)처럼 먹어요.
히츠마부시는 전국적으로 유명한 특산 요리이기 때문에 지금은 나고야가 아닌 지역에서도 팔기도 해요.

미슐랭 인정을 받은 나고야 장어 맛집
'우나후지うな富士'의 히츠마부시

여름에 '장어 먹는 날'이 있어요

한국에서 복날에 삼계탕을 먹는 것처럼, 일본에서는 여름에 장어를 먹는 날이 있어요. 그날은 매년 7~8월쯤 '도요우노 우시노히 土用の丑の日'라고 해요.

도요우노 우시노히는 원래 일본의 절기 중 하나인데, 이날이 장어를 먹는 날이 된 것은 에도 시대 중기(1700년대), 한 장어집 주인이 여름에 장사가 잘 안된다고 히라가 겐나이 平賀源内라는 학자에게 상담한 것이 그 시작이었답니다. 히라가 겐나이는 "글쎄, 도요우노 우시노히 때 우나기를 먹자고 가게 벽에 게시물을 붙여서 홍보하는 건 어떠냐?"라고 대답을 해줬다고 하는데요, 그 캐치프레이즈 때문에 장사가 잘 안 되던 장어집이 대박이 난 거죠. 일설에 의하면 '우시노히'와 '우나기'의 첫 글자가 '우う'로 똑같아서 그냥 그렇게 붙였다고 합니다.

조만간에 장어를 먹을 수 없게 되는 날이 올지도?

그 풍습이 정착해서 아직도 일본인들은 여름에 도요우노 우시노히가 되면 장어를 먹는데요, 문제는 그날 장어 가격이 폭등한다는 것입니다. 장어 양식 업체가 출하를 그날에 맞

'도요우노 우시노히'만 되면 일본 마트 생선 코너에는 장어 특설 매대가 생겨요.

추는데 그러다 공급 과다가 되는 경우도 많고, 결국 장어를 폐기하는 마트도 있어요(다행히 최근 진공포장 기술이 발달함에 따라 장어 유통기한은 길어지고, 폐기량을 줄어들었다고 해요).

민물장어는 동북아시아 각국에서 잡을 수 있는데요, 어디서 산란해서 어떻게 각국에 찾아오는지 오랫동안 불명이었답니다. 그러던 2009년, 일본의 한 연구팀 조사로 민물장어가 마리아나 해구에서 산란한다는 것이 밝혀졌어요. 부화한 새끼 장어는 약 3000km 멀리에 있는 동북아시아까지 찾아왔다가 다시 마리아나 해구로 산란하러 간다는 말이죠. 목숨을 걸고 엄청 긴 여행을 하나 봐요.

이렇게 멀리서 찾아오는 장어가 최근 들어 급격히 줄어들면서 장어 포획이 사회 문제로 대두되었고, 일본 정부는 급하게 대책을 생각하는 추세에요. 안 그래도 민물장어는 사실상 멸종위기종인데 환경 보호의 관점으로 봐도 정말 심각한 문제죠. 전 세계에서 민물장어를 가장 많이 소비하고 있는 일본은 그 보호에 큰 책임이 있는 입장인데요, 현재 멸종위기종을 보호하기 위해 동물의 국제 거래(수출입)를 규제하는 조약에 민물장어도 등록을 진행하고 있으니, 일단 그 상황을 지켜봐야 할 것 같습니다. 물론 규제하게 되면 지금처럼 마음대로 장어를 먹을 수 없게 될 수도 있겠죠. 참고로 태평양의 참치인 '쿠로마구로 クロマグロ'도 비슷한 상황이에요. 아무래도 장기적으로 먹을 수 있는 상황을 확보하는 것이 아주 중요한 것 같아요.

nemo's dessert

쫄깃쫄깃

다이후쿠
大福

든든한 돈부리를 다 드셨다면, 마무리는 달달한 다이후쿠 한입이죠. 다이후쿠는 팥을 떡으로 싼 와가시인데요, 큰(大)복(福)이라는 좋은 뜻을 담고 있어요. 안에 넣는 소는 되도록 모양이 무너지지 않게 만든 통팥(츠부앙)을 사용해요. 팥을 듬뿍 넣고, 떡에는 바슬바슬한 옥수수 전분을 뿌려서 만듭니다.

참고로 팥에 딸기를 함께 넣는 것을 '이치고 다이후쿠 いちご 大福'라고 하는데요, 요즘에는 한국에서도 볼 수 있는 것 같더라고요. 이치고 다이후쿠를 자르면 딸기의 단면이 예쁘게 나와서 먹음직스럽습니다. 그런데 약간 호칭이 잘못 전해져서, 한국에서 '모찌'라는 이름으로 통하는 경우가 있는 것 같아요. 모찌라고 검색하면 이치고 다이후쿠 사진이 많이 나옵니다. 그런데 일본어로 모찌餠는 떡이라는 뜻이거든요. 물론 다이후쿠 재료의 일부로 떡을 쓰긴 하나, 일본인 입장에서는 다이후쿠를 모치라고 하면 좀 어색하게 느껴져요. 일본에서는 다이후쿠를 살 때 모찌라고 말해도 잘 통하지 않으니 만약 딸기가 든 떡을 드시고 싶다면 이치고 다이후쿠라는 이름을 기억하세요!

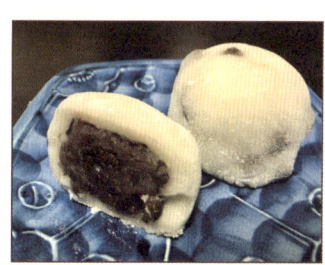

츠부앙이 들어간 기본 다이후쿠

딸기가 들어간 이치고 다이후쿠

**table
no.4**

ラーメン

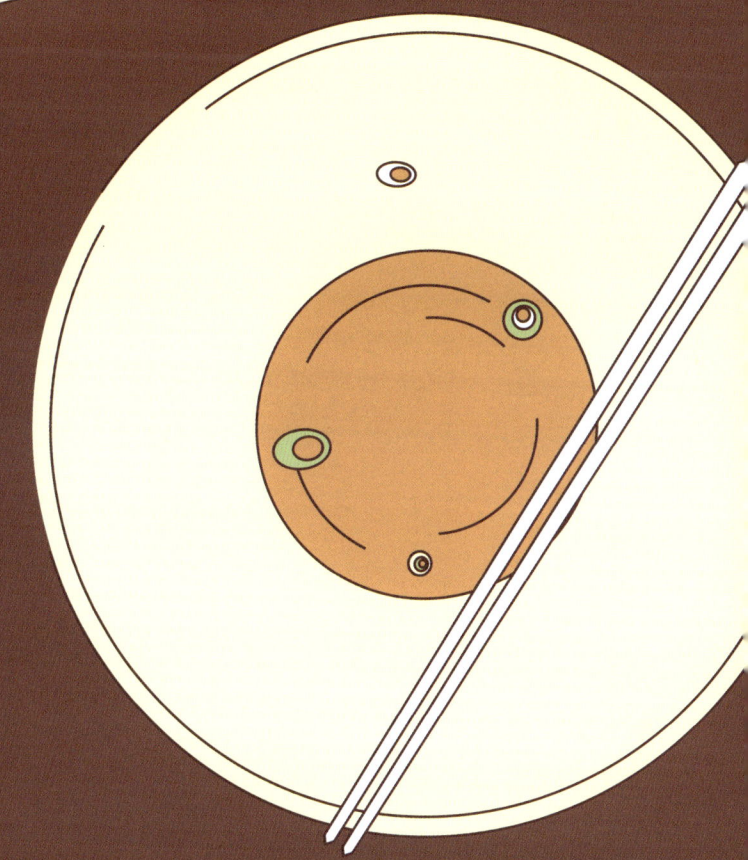

nemo's memo

옆 테이블 네모로부터

> 라멘 ラーメン
> 알고 먹으면
> 더 맛있어요!

일본인의 주식은 쌀이지만, 면을 주식처럼 먹는 사람이 많을 정도로 일본은 면을 사랑하는 나라예요. 그중에서도 라멘이 가장 인기가 높은데요, 면요리 외에도 모든 일본 음식을 통틀어 사람들이 가장 많이 줄 서서 기다리는 장르가 바로 라멘입니다.

제 생각에 라멘의 매력 중 하나는 확장성인 것 같습니다. 어렸을 땐 동네 라멘집밖에 모르고 지내다, 자라면서 점점 '아직 만나지 않은 라멘'을 찾게 된달까요. 저 또한 SNS가 없던 학창 시절, 라멘 전문 잡지를 탐독하며 정말 여러 가게를 돌아다녔어요. 해마다 새로운 라멘 맛집이 생겨나고, 음악이나 패션처럼 그때그때 라멘 트렌드가 유행하고… 언제나 느끼는 것이지만, 라멘 맛집을 찾아다니는 건 끝이 없는 여행 같습니다.

지금부터 일본에서 라멘은 어떤 음식인지, 사람들이 라멘을 어떻게 먹는지 소개해드릴게요.

일본인에게 라멘이란

일본인은 옛날부터 소바나 우동 등 면을 즐겨 먹었는데요, 라멘은 19세기 중반쯤부터 먹게 되었습니다. 당시 일본이 본격적으로 외국과 교류를 시작하면서 각지에 '차이나타운'이 생겼거든요. 라멘은 그 중국요릿집에서 제공하던 면요리가 현지화되면서 급속하게 보급된 음식이에요. 서양 식문화의 영향을 받아 동물성 지방도 즐겨 먹게 된 것도 라멘을 먹는 습관에 한몫했다고 하네요. 라멘은 중독성이 있는 음식이에요. 몸에 좋지 않다는 것은 충분히 알고 있지만 멈추기가 어렵습니다. 먹고 있을 때는 너무 행복하고, 먹은 후는 좀 괴로운데, 며칠 지나면 또 그리워지는 음식, 그게 바로 라멘 아닐까요. 저도 학생 때는 친구들과 정말 자주 먹곤 했는데요, 이제는 건강상 자주는 무리예요.

일본인은 탄수화물에 또 다른 탄수화물이나 기름진 것을 함께 먹는 것을 좋아해요. 우동 위에 튀김을 얹거나(텐푸라우동 天ぷらうどん), 떡을 얹기도 하고(치카라우동 力うどん), 밥 위에 고기 튀김을 얹은 카츠동도 즐기지요. 라멘에도 고기와 반숙 달걀 등 다양한 토핑을 큼직하게 얹는 경향이 있는데요, 그 역시 일본인의 취향을 반영한 스타일이라고 할 수 있겠습니다. 앞으로 또 어떤 라멘이 나올지 기대가 되네요.

현지 라멘은 생각보다 짜요

일본인으로서 한국인 친구들에게 일본 음식을 추천할 때 가장 신경 써야 하는 메뉴가 바로 라멘이었어요. 진한 국물을 좋아하는데도 막상 일본에서 라멘을 먹어보니 너무 짜서 못 먹겠다는 말을 몇 번이나 들었거든요. 혹은 일본에서 라멘을 먹다가 너무 짜서 물을 부어 먹었다는 이야기도요. 이런 일은 특히 진하게 우린 국물 베이스의 라멘에서 많은 것 같아요.

일본 음식은 건강하다는 이미지도 있지만, 한편 세계적으로 봐도 염분량이 높은 메뉴가 많아요. 특히 라멘 같은 경우는 정말 짜게 만들어요. 한국에 일본식 라멘집이 많이 생겨서 그 맛에 익숙해졌더라도 일본 현지 라멘은 그 이상으로 짤 수 있으니 주의가 필요합니다.

실제 제가 경험한 에피소드가 하나 있는데요. 몇 년 전 제가 서울에 살 때 일본에서 한국으로 진출한 브랜드 라멘집 '잇푸도 一風堂'에 가본 적이 있어요. '일본의 맛 그대로'라는 캐치프레이즈가 걸려 있었지만… 먹어봤더니 저에게는 싱겁게 느껴지더라고요(참고로 잇푸도는 세계 10개국 이상에 진출했는데 한국은 진출하자마자 바로 철수해버렸어요).

한국과 일본에서 여러 가지 음식을 먹어보고 비교해봤는데 제 경험상 라멘을 먹었을 때 양국의 입맛 차이를 가장 크게 느꼈던 것 같아요. 책에서 쭉 '알고 먹으면 더 맛있다!'고 외쳐왔는데요, '모르고 먹었더니 의외로 맛이 없다'가 되지 않도록 꼼꼼히 알려드리겠습니다. 이제부터는 맑은 육수의 라멘부터 점점 진하고 짠맛의 라멘까지 쭉 소개할게요.

비가 오나 눈이 오나 라멘을 먹기 위해 줄 서서 기다립니다.

menu
일본 라멘 3대 맛

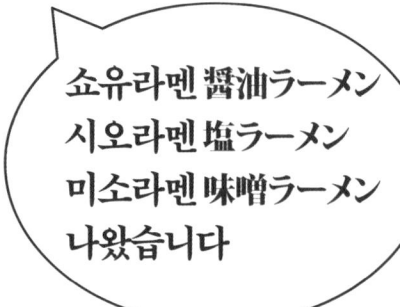

일본 라멘의 맛과 종류는 이제 수없이 다양해졌어요. 그러나 일반적으로 일본인들이 기본으로 떠올리는 '3대 라멘'이 있습니다.

바로 '쇼유라멘 醬油ラーメン : 간장 맛', '시오라멘 塩ラーメン : 소금 맛', '미소라멘 味噌ラーメン : 된장 맛'이에요.

이 맛들은 라멘뿐만 아니라 일본 전체 음식의 '3대 맛'이라고 할 수도 있는데요, 특히 '쇼유'는 기본 중의 기본입니다. 일본 컵라면도 이 세 가지 맛을 기본으로 한 시리즈가 많아요.

간장 맛 쇼유라멘은 간장뿐만 아니라 돼지 뼈와 닭 뼈, 멸치 육수 등을 섞어 만들어요. 이제는 거의 볼 수 없는 도쿄의 라멘 포장마차가 처음 등장했을 때, 그곳에서 만든 소박한 맛의 라멘이 쇼유라멘 스타일이었습니다. 동네 중국집에서 숙주나물을 듬뿍 넣어 파는 라멘도 전형적인 쇼유라멘 스타일입니다. 요즘엔 맛이 깊은 특산물 간장을 사용하여 뒷맛이 아주 깔끔한 '탄레이쇼유라멘淡麗醬油ラーメン'이라는 장르가 등장했는데요. 탄레이쇼유라멘은 국물 색깔이 예뻐서 SNS에 올리면 많은 '좋아요'를 얻을 수 있는 라멘이기도 해요.

소금 맛의 시오라멘 같은 경우는, 육수에 진짜 소금만 사용한다기보다 다시물의 순한 맛을 느낄 수 있는 라멘이라고 할 수 있습니다. 예를 들어, 해산물의 깊은 맛이나 유자의 산뜻한 맛을 살린 맑은 라멘이 시오라멘이에요. 국물 색깔이 투명하고 아주 예쁘죠.

'Tokyo Ramen of the Year' 4년 연속
종합 1위에 빛나는 레전드 맛집
'이이다쇼텐 らぁ麺屋飯田商店'의 쇼유라멘

된장 맛의 미소라멘은 말 그대로 일본 된장인 '미소味噌'를 육수로 사용한 라멘입니다. 미소라멘이 가장 유명한 곳은 뭐니 뭐니 해도 홋카이도 삿포로札幌에요. 추운 홋카이도에서 라멘이 식지 않도록 국물 표면을 기름으로 살짝 덮은 스타일이 유명한데요. 맛이 굉장히 구수하고 몸이 따뜻해지는 라멘이죠.

일본 조미료, 그 기본 중의 기본은 간장!

일본인의 식탁에 빼놓을 수 없는 조미료 '쇼유醬油'. 대부분의 일본 음식엔 일본 간장인 쇼유가 들어가거나 또는 활용해서 먹는 음식이 참 많아요. 각국의 공항에 도착하면 외국에서 온 사람들은 '그 나라의 냄새'가 느껴진다고들 하는데, 외국인이 일본 공항에 들어서면 간장 냄새를 느낀다고 들었어요. 일본인은 식당에서 간장 냄새가 풍기면 뭔가 안심이 된다고 하고요.

일본에는 쇼유를 만드는 업체만 1500개 정도 있다고 해요. 전부 쇼유라고 부르지만, 맛이나 색깔 차이가 업체별로 상당히 큽니다. 도쿄가 있는 간토 지방의 쇼유는 진한 검은색 간장인 '코이쿠치쇼유濃口醬油'입니다. 요리의 종류에 상관없이 간토지방에서 기본적으로 쓰여요. 오사카와 교토가 있는 간사이 지방에서는 '우스쿠치쇼유淡口醬油'를 사용합니다. 코이쿠치쇼유보다 색깔이 연해서 요리할 때 더 맑은 색을 낼 수 있어요. 참고로 색깔은 연한데 염분 농도는 코이쿠치쇼유보다 진한 편입니다. 후쿠오카福岡가 있는 규슈九州에서는 사시미를 단맛이 나는 쇼유에 찍어 먹습니다. 다른 지방 사람은 규슈에서 사시미를 먹을 때, '쇼유가 왜 이렇게 달아?' 하고 많이 놀라요. 규슈에서도 남쪽으로 갈수록 쇼유 단맛이 더 강해진다고 하니 최남단 지방의 쇼유는 얼마나 달지 궁금하네요.

쇼유만 봐도 정말 지역성이 다양한데요. 아무래도 쇼유는 일본요리의 기본이니 쇼유 맛에 주목해서 식사를 해보는 것도 재미있을 것 같아요.

도쿄 전통식 시오라멘이 맛있는 인기 로컬 맛집 '타카노 多賀野'

홋카이도 최대 번화가 스스키노 지역에 위치한 미소라멘 맛집 '멘야 유키카제 麵屋雪風'

menu

**한국인 입맛에 딱!
후쿠오카의 자랑스러운
로컬 라멘**

톤코츠라멘
豚骨ラーメン
나왔습니다

일본어로 톤코츠豚骨는 돼지(톤, 豚)의 뼈(코츠, 骨)라는 뜻이에요. 톤코츠라멘은 돼지 뼈를 끓여서 국물을 낸 라멘으로, 후쿠오카의 로컬 음식이랍니다. 물론 도쿄나 오사카 등 다른 지역에도 톤코츠라멘집이 있기는 하지만, 아직도 '후쿠오카 특산 라멘'이라는 이미지가 있어요.

톤코츠라멘은 후쿠오카 로컬 라멘입니다

톤코츠라멘은 1930년대, 후쿠오카현의 구루메久留米 지방 출신이었던 어느 라멘집 직원이 개발해서 시작되었다고 해요. 라멘을 만들기 위해 돼지 뼈를 끓이다가 깜빡해서 너무 오래 끓여버린 거예요. '앗, 이건 실수다. 국물 색깔이 너무 하얘져서 그냥 버려야겠다' 싶었는데 국물 맛을 봤더니 의외로 맛있었다는 이야기! 그 국물을 개량해서 톤코츠라멘의 원형을 만들었다고 합니다.

이후 톤코츠라멘은 후쿠오카를 비롯해 주변 지역의 라멘에 영향을 미쳤어요. 가장 유명한 게 후쿠오카 하카타博多 지방의 톤코츠라멘인데요, 아마 '하카타 톤코츠라멘'이라고 하면, 아시는 분들도 있을지 모르겠네요. 도쿄에는 1980년 대 이후에 톤코츠라멘집이 들어와 대박이 났는데요, 수도권에서는 돼지고기 특유의 냄새에 익숙하지 않은 사람이 많아 동네나 번화가에서 본격적으로 톤코츠라멘을 만들어 팔기 어려웠대요. 그래서 도쿄 쪽에서는 큰 도로변이나 교외에 점포를 두는 톤코츠라멘집이 많아요. 후쿠오카 톤코츠라멘의 매력은 진한 맛과 강력한 냄새지만, 도쿄 등 다른 지역에서는 덜 진하고 냄새도 마일드한 스타일이 인기를 끌고 있습니다.

한국에는 왜 톤코츠라멘집이 많을까요?

요즘은 한국에서도 다양한 라멘을 즐길 수 있지만, 라멘이 한국에 들어오던 초반 무렵에는 대부분이 톤코츠라멘집이었어요. 한국에 왜 톤코츠라멘집이 많은지 처음엔 좀 신기했는데요(앞에서 말씀드렸듯, 톤코츠라멘은 특산물 이미지가 강하지, 보편적 메뉴는 아니거든요). 제 생각에는 돼지국밥이나 순대국밥 국물과 톤코츠라멘 국물이 비슷해서 한국인 입맛에 잘 맞았던 게 아닌가 싶었어요. 반대로 저는 한국에서 돼지국밥이나 순댓국을 처음 먹었을 때 '앗, 뭔가 국물이 톤코츠라멘 같아서 좋다. 냄새도 비슷한 것 같아' 했거든요.

톤코츠라멘 본고장인 후쿠오카 하카타에는
톤코츠라멘을 쉽고 빠르게 먹을 수 있는
노점도 있습니다.

톤코츠라멘의 면을 리필하고 싶을 땐, 카에다마 替え玉

톤코츠라멘은 먹다가 면을 추가할 수도 있습니다. 그걸 '카에다마替え玉'라고 해요. 일반적으로 톤코츠라멘의 면발은 곧고 가는 '스트레이트면'인데요. 이런 면발은 국물에 오래 담겨 있으면 퍼져버립니다. 스트레이트면의 특징상, 보통은 메뉴에 곱빼기가 없는 경우가 많습니다. 그래서 만약 톤코츠라멘을 한 그릇 이상 먹고 싶다면 카에다마로 면을 추가해보세요. 기본적으로 카에다마를 할 때는 국물은 따로 주지 않으니 면을 추가할 것을 고려하여 어느 정도 국물을 남겨야 합니다.

면을 추가할 땐 삶는 시간이 몇 분 정도(다른 손님의 주문이 없으면 보통 1~2분) 걸리니까 면을 다 먹기 전에 주문하는 게 좋아요. 이때 면의 익힘 정도도 같이 말해야 해요(면 익힘 정도를 조절하는 방법은 다음 메뉴에서 바로 알려드릴게요). 면 추가는 한두 번 정도 하는 것이 보통인데 더 많이 하는 사람도 있어요. 면을 여러 번 추가할수록 그만큼 국물이 싱거워지니 신경 써서 조절해주세요.

후쿠오카 현지인들이 인정하는 하카타식
톤코츠라멘 맛집 '잇코샤 博多一幸'
이건 꼭 먹어야 해!

menu
톤코츠와 쇼유
둘 다 놓칠 수 없어

이에케이라멘
家系ラーメン
나왔습니다

이에케이라멘이란 톤코츠와 쇼유를 블렌딩한 국물로 만든 라멘을 말해요. 그래서 '톤코츠쇼유라멘'이라고 부르기도 합니다. 요코하마에서 발생한 이에케이라멘은 톤코츠와 쇼유를 섞은 간간한 맛이 엄청 중독성 있는데요, 간이 센 걸 좋아하는 도쿄 사람들의 입맛에도 잘 맞아 자연스럽게 도쿄까지 이에케이라멘 맛집이 많이 진출했습니다(도쿄 내에만 약 1000개의 점포가 있다고 해요). 아마도 이제 도쿄에서 가장 흔히 볼 수 있는 라멘이 아닐까 싶은 정도예요. 이에케이라멘의 기본 토핑은 김과 시금치입니다. 숟가락 위에 면을 올리고 김으로 싸서 국물과 함께 먹으면 꿀맛이랍니다.

그런데 제가 느끼기에 일본에서 이에케이라멘을 즐겨 먹는 한국인은 그리 많지 않은 것 같아요. 톤코츠라멘과 마찬가지로 돼지 뼈로 우려낸 국물이지만, 이에케이라멘 국물이 더 짜서 그럴지도 모르겠습니다. 안 그래도 일본 라멘은 짠 편인데, 이에케이라멘은 일본라멘 중에서도 가장 짠 라멘 중 하나라고 할 수 있거든요.

라멘의 맛을 조절하는 방법을 알려드릴게요

저는 개인적으로 진하고 짠 라멘을 좋아하지만, 일본인 중에서도 짠 라멘을 잘 못 먹는 사람들이 있어요. 그런 경우 주문할 때 라멘 맛을 조절해달라고 요청하기도 해요. 특히 이에케이라멘집 같은 경우 국물의 염도와 면의 익힘 정도, 기름의 양을 조절할 수 있는 곳이 많습니다. 보통 일본에서 라멘을 주문할 때는 식권을 사서 직원에게 전달하는데요, 맛의 정도를 조절하고 싶다면 식권을 건네는 이때 말하는 경우가 많습니다. 일본어로 맛을 조절하는 방법은 아래를 참고하세요.

☞ 면발 부드럽게 : 야와라카메 やわらかめ

☞ 면발 보통으로 : 후츠우 ふつう

☞ 면발 딱딱하게 : 카타메 かため

☞ 면발 매우 딱딱하게 : 바리카타 ばりかた

※바리카타는 보통 톤코츠라멘집에서만 통하는 지시입니다.
톤코츠라멘 이외의 라멘에는 잘 사용하지 않는 표현이니 주의해주세요.

☞ 진하게 (짜게) : 코이메 こいめ

☞ 연하게 (덜 짜게) : 우스메 うすめ

☞ 기름 많이 : 아부라 오오메 油多め

☞ 기름 적게 : 아부라 스쿠나메 油少なめ

라멘 맛을 조절할 때 특별히 말하는 순서가 정해져 있는 것은 아니지만, 현지인들은 '면발→맛→기름' 순으로 말하는 경우가 많은 것 같아요. 예를 들어 "카타메, 코이메, 스쿠나메(면발 딱딱하게, 맛 진하게, 기름 적게)"라고 말하면 되고요, 혹시 표준의 맛을 원하면 그냥 "후츠우ふつう"라고 하면 됩니다. '보통'이라는 뜻이거든요. 참고로 저는 그냥 '코이메(진하게)'로만 조절할 때가 많아요. 이에케이라멘 팬들은 위의 예시처럼 '카타메, 코이메, 스쿠나메'로 주문하는 경우가 많고, 이때 줄여서 "카타코이스쿠"라고 말하기도 합니다. 카타코이스쿠, 뭔가 라멘이 맛있어지는 주문 같지 않나요?

이에케이라멘의 맛을 조절하는 방법

요코하마 橫浜 맛집이자 모든
이에케이라멘의 시작인 '요시무라야 吉村家'

nemo's memo

옆 테이블 네모로부터

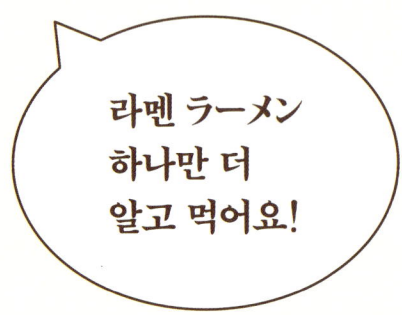
라멘 ラーメン 하나만 더 알고 먹어요!

라멘은 일본 각 지역의 특색이 많이 반영되는 음식이에요. 지역 특산품을 쓰거나, 그 지역 입맛에 맞춘 라멘을 만들거든요.

일본은 '47都道府県(47개 도도부현)'이라고 해서 광역 자치 단체가 크게 47지역으로 나뉘어서 구성되어 있어요. 도쿄도(都), 오사카후(府), 홋카이도(道), 후쿠오카현(県) 등등 도도부현마다 특색 있는 라멘이 꼭 하나씩 있습니다. 때문에 라멘 이름도 '지명＋라멘'으로 되어 있는 경우가 많습니다. 예를 들어 홋카이도 삿포로札幌시에서 시작된 미소라멘＝삿포로라멘, 이런 식으로요.

앞서 일본 3대 라멘은 쇼유라멘, 시오라멘, 미소라멘이라고 말씀드렸죠. 그런데 지역을 기준으로도 3대 라멘을 꼽을 수 있습니다. 바로 삿포로라멘(홋카이도, 미소라멘), 하카타라멘(후쿠오카, 톤코츠라멘), 키타카타라멘(후쿠시마, 쇼유라멘)을 말해요. 각각 국물의 맛뿐만 아니라 면이나 토핑도 정말 다양해요.

지금부터는 대표적인 일본 지역 라멘을 간단히 소개해드릴게요.

유명한 일본 각 지역의 라멘

삿포로라멘 札幌ラーメン

지역: 홋카이도, 라멘 종류: 미소라멘, 유명 맛집: 스미레 すみれ

농후한 된장 맛의 라멘. '라드ラード'라고 하는 돼지 고기 기름이 국물 표면을 덮고 있어 끝까지 따뜻하게 먹을 수 있어요. 토핑으로는 차슈나 멘마 등 기본적인 것과 양배추나 양파 등 채소를 볶은 것, 그리고 특이하게 버터나 옥수수를 얹기도 합니다(홋카이도는 유제품과 옥수수가 맛있는 지역으로 유명하거든요). 전국적으로 아주 유명해서 홋카이도뿐만 아니라 일본 각지에 '삿포로라멘' 맛집이 진출해 있어요.

아사히카와라멘 旭川ラーメン

지역: 홋카이도, 라멘 종류: 쇼유라멘, 유명 맛집: 바이코켄 梅光軒

홋카이도 한복판에 위치한 아사히카와시 旭川 의 라멘. 삿포로라멘과 마찬가지로 국물에 라드를 넣어 끝까지 따뜻하게 먹을 수 있어요. 국물은 해산물에 톤코츠나 닭 육수를 더한 간장 베이스로 만듭니다.

하코다테라멘 函館ラーメン

지역: 홋카이도, 라멘 종류: 시오라멘, 유명 맛집: 지요켄 滋養軒

홋카이도 남쪽 지방에 있는 하코다테 函館. 해산물이 아주 맛있는 지역으로도 유명하죠. 하코다테라멘은 소금 베이스의 시오라멘이라서 국물 색깔이 투명해요. 면발은 좀 부드럽고, 토핑은 차슈(양념에 재운 돼지고기), 멘마(죽순), 대파, 시금치 등입니다.

츠바메산조케이라멘 燕三条系ラーメン

지역: 니이가타현, 라멘 종류: 세아부라라멘, 유명 맛집: 코슈한텐 杭州飯店

츠바메산조케이라멘은, 니이가타현 중앙부에 위치한 츠바메 燕시, 또는 산조 三条시 발상의 라멘이에요. 주로 츠바메에서 생긴 '세아부라라멘'을 가리킵니다. '세아부라 背脂'는 돼지 기름(라드)을 뜻하는 말인데요. 국물은 진한 간장 베이스에 라멘 전체를 덮을 만큼 돼지 라드를 많이 얹는 스타일입니다. 츠바메산조케이라멘은 원래 배달하는 경우가 많기 때문에 시간이 지나도 면발이 퍼지지 않도록 우동처럼 굵은 면을 사용합니다.

사노라멘 佐野ラーメン

지역: 도치기현, 라멘 종류: 쇼유라멘, 유명 맛집: 반리 万里

도치기현 사노 佐野시의 명물 라멘. 국물은 간장 베이스로 비교적 담백한 맛이에요. 폭이 넓고 두께가 얇은 납작한 면을 쓰는 게 특징입니다. 사노라멘은 도쿄가 있는 간토지방에서 가장 유명한 라멘이라고 할 수 있어요.

와카야마라멘 和歌山ラーメン

지역: 와카야마현, 라멘 종류: 톤코츠쇼유라멘, 유명 맛집: 이데쇼텐 井出商店

와카야마라멘은 진한 톤코츠쇼유라멘이에요. 이에케이라멘(115p)도 톤코츠쇼유 맛이지만, 와카야마라멘은 이에케이라멘과 다르게 가는 스트레이트면을 사용하고, 토핑은 옛날 라멘처럼 차슈, 멘마, 나루토(어묵을 얇고 둥글게 자른 것) 등을 얹은 심플한 구성입니다. 전국적으로 인지도가 높고 저도 너무 좋아하는 라멘이에요.

쿠마모토라멘 熊本ラーメン

지역: 쿠마모토현, 라멘 종류: 톤코츠라멘, 유명 맛집: 케이카라멘 桂花ラーメン

쿠마모토의 톤코츠라멘. 국물에 마유 マー油(마늘을 튀겨서 만든 기름)를 넣어서, 다른 지역의 톤코츠라멘보다 마일드한 맛이에요. 토핑으로 튀긴 마늘이나 자른 목이버섯을 얹은 것이 특징이에요. 면은 톤코츠라멘의 고장인 후쿠오카식 얇은 스트레이트 면보다 굵은 것을 사용합니다.

menu
국물에 찍어 먹는 재미

츠케멘
つけ麵
나왔습니다

면과 국물이 따로 나오는 라멘을 본 적 있나요? 츠케멘은 면을 국물에 찍어 먹는 방식의 라멘이에요. 일본어로 '츠케루 つける'가 '찍다', '멘 麵'은 '면'. 이를 줄여서 '츠케멘'이라는 이름으로 부른답니다. 츠케멘은 어느 라멘집에서 일하던 직원이 손님에게 팔고 남은 면을 국물에 찍어서 먹던 것이 시작이었어요. 직원이 그렇게 먹는 걸 한 손님이 보고 관심을 가지길래 메뉴로 개발했대요. 그게 나중에 전설적인 츠케멘 맛집으로 유명해진 식당, '타이쇼켄 大勝軒'의 주요 메뉴가 되었고, 츠케멘은 전국적으로 알려지게 되었습니다.

찍어 먹는 국물 맛은 다른 라멘들과 마찬가지로 다양해요. 원래는 간장 베이스에 새콤한 맛이 나는 국물이 많았지만, 요즘에는 톤코츠 국물에 해산물 육수를 블렌딩한 것, 생선을 말려서 빻은 어분이 들어간 것, 그리고 아주 진한 멸치 맛 국물 등 주로 진한 국물이 인기가 많아졌습니다.

츠케멘을 더 맛있게 먹으려면

츠케멘을 먹을 때는 면을 한 젓가락씩만 국물에 살짝 찍어서 드시는 게 좋아요. 츠케멘의 국물은 일반적인 라멘보다 진하게 만들기 때문에, 국물에 많이 찍으면 너무 짜거든요. 이렇게 면을 국물에 찍어 먹는 방법은 일본식 냉모밀인 모리소바 もりそば(150p)와도 비슷해요. 일본인들은 국물에 찍어 먹으며 취향대로 맛을 조절하는 것에 익숙하답니다. 간혹 먹는 방법을 모르는 외국인들이 한 번에 면을 국물에 다 넣어 먹거나, 면에 국물을 아예 부어 먹는 경우도 있다는데, 그러면 면의 수분이 국물에 더해져서 맛이 연해지고 맛있게 먹을 수 없습니다. 다소 귀찮게 느껴져도 한입씩 국물에 찍어서 드시면 좋아요.

진한 멸치 육수에 찍어 먹는 츠케멘과

맑은 다시마 육수에 찍어 먹는 츠케멘

일본 라멘 레전드 맛집은 츠케멘 맛집이에요

일본에는 라멘 맛집이 수도 없이 많죠. 맛의 종류, 그리고 스타일도 다양해요. 라멘 격전 속에서도 오랫동안 '라멘 랭킹'에서 계속해서 1위 자리를 지키고 있던 맛집이 있는데요, 바로 츠케멘 맛집입니다. 일본 먹방 여행을 좋아하는 분이라면 '타베로그 食べログ'라는 사이트 이름이 익숙하실 수도 있을 거에요. 타베로그는 일본 최대의 맛집 평가 사이트에요. 거기서 2018년쯤까지 몇 년간 일본 전국 라멘 랭킹 1위를 놓치지 않았던 식당이 바로 도쿄 신코이와 新小岩 지역에 있는 '멘야 잇토 麵屋一燈'라는 식당입니다. 최근 아쉽게 1위 자리에서 물러났지만, 여전히 레전드로 평가받습니다. 멘야 잇토는 진한 멸치 국물의 츠케멘 맛집으로, 중독성 강한 맛으로 유명합니다. 그런데 인기가 너무 많다 보니 대기 줄이 장난이 아니에요. 저는 개인적으로 이곳 대기 줄은 너무 길어서 못 기다리고, 멘야 잇토에서 일한 직원이 독립해서 차린 식당 '미야모토 宮元'에 자주 가곤 합니다. 그쪽도 인기 맛집이지만 잇토보다는 줄이 짧거든요.

츠케멘을 만든 원조집, '히가시이케부쿠로 타이쇼켄 東池袋大勝軒'

menu

**학생들의 라멘에서
이제는 하나의 장르로**

아부라소바도 츠케멘처럼 국물이 없는 라멘 스타일이에요. 국물 대신 돼지고기 기름과 간장으로 만든 진한 양념이 그릇 아래쪽에 깔려 있습니다. 일본 음식은 기본적으로 비벼서 먹는 메뉴가 적은 편인데요, 아부라소바는 흔치 않게도 비벼서 먹는 라멘이에요. 먹다가 취향에 맞게 고추기름인 라유ラー油나 식초를 넣어서 먹으면 더 맛있게 먹을 수 있답니다.

아부라소바는 도쿄 서쪽 지역인 무사시노시武蔵野市 발상의 라멘인데 1950년대쯤부터 무사시노시에 있는 라멘집이나 중국요릿집에서 팔기 시작했다고 해요. 무사시노시는 대학교가 많은 지역이기도 해서 근처 대학생들이 즐겨 먹었던 메뉴였다고 하는데요. 일본어로 아부라油는 기름이라는 뜻으로, 아부라소바에는 돼지 기름이 많이 들어 있어서 정크 푸드의 이미지가 있습니다. 이런 음식은 역시 어린 학생들에게 인기가 많죠. 그래도 요즘은 아부라소바 종류가 다양해져서 꼭 정크한 라멘이라고 단정지을 수는 없을 것 같습니다. "먹어보니 생각보다 느끼하지 않네요. 부담 없이 먹을 수 있었어요." 이런 말을 하는 사람도 의외로 많더라고요.

원래 도쿄 무사시노시의 로컬 푸드였던 아부라소바지만, 요즘 아부라소바를 파는 라멘집이나 전문점이 많이 늘었어요. 이제 일본 라멘의 한 종류로 사람들에게서 인정을 받은 것 같아요. 편의점이나 마트에서도 아부라소바 컵라면을 흔히 볼 수 있게 되었습니다.

아부라소바, 비비기 전

아부라소바, 비빈 후

menu

대만식 비빔면?
일본에서 탄생한 비빔면!

마제소바
まぜそば
나왔습니다

국물이 없는 라멘 그 마지막, 마제소바입니다. 마제소바 전문점이 한국에도 들어섰기 때문에 한국인에게는 아부라소바보다 마제소바가 더 유명할지도 모르겠네요. 그런데 놀랍게도 마제소바는 2008년에 개발된, 비교적 역사가 짧은 음식이랍니다.

마제소바를 처음으로 만든 가게는, 나고야 名古屋에 있는 '멘야 하나비 麵屋はなび'예요. 나고야는 원래 대만식 중국요릿집이 많은 지역이었어요. 그래서 멘야 하나비에서도 대만식 라멘을 만들기 위해 고추나 마늘을 넣고 간장으로 버무린 대만식 다진 고기, '민치'를 만들어봤는데 라멘 국물과는 잘 안 맞았대요. 그런데 그 민치를 국물이 없는 라멘에 얹어 먹어봤더니 의외로 맛있어서 시험적으로 메뉴에 도입해봤다고 합니다. 처음에는 한정 메뉴였으나 점차 손님들에게서 인기를 끌며 이제는 베스트 메뉴가 되었어요. 부추, 생선가루, 달걀노른자를 얹은 비주얼이 인상적이어서 인스타그램 등 SNS에서도 화제가 되어 확산되었죠.

이런 스타일의 마제소바를 일본에서 '대만 마제소바台湾まぜそば'라고 부르는데, 위에서 말한 대로 실제는 대만에서 발생한 음식이 아니에요. 제 대만 친구는 "일본에서 본 마제소바는 대만 음식이 아니었어, 일본 음식이지"라고 하더라고요.

마제소바를 먹다가 남은 양념에 공깃밥을 넣어 비벼 먹는 스타일도 인기 있으니 한번 시도해보세요. 이렇게 밥을 추가해 먹는 것을 '오이메시追い飯'라고 부르는데 나중에 마제소바를 시킬 때 추가해서 드셔보시면 좋을 것 같아요.

도쿄에서 대만풍 마제소바를 먹을 수 있는
'멘야 코코로麵屋こころ'

menu

함께 나누고 싶은
마라麻辣의 세계

탄탄멘
担担麺
나왔습니다

탄탄멘은 중국 사천성四川省 발상의 매콤한 라멘이에요. 사천성에서는 국물이 없는 탄탄멘이 주류이지만, 일본에서는 라멘처럼 국물이 있는 탄탄멘이 주류예요. 보통 일본 탄탄멘의 국물은 고추기름과 중국 조미료인 참깨장을 베이스로 하고 면 위에 다진 고기나 청경채, 잘게 썬 파를 얹습니다. 그리 매운맛은 아니지만, 중국 향신료인 화자오花椒가 들어 있어서 먹으면 혀가 마비되는 느낌이 들어요. 미리 말하면 화자오의 양을 조절해주는 가게도 있으니, 걱정되면 화자오를 적게 넣어달라고 주문해보세요.

탄탄멘은 일본에 있는 대부분의 중국집에서 먹을 수 있고, 심지어 전문점도 있어요. 요즘은 중국 사천성처럼 국물이 없는 탄탄멘을 파는 가게도 늘었어요. 국물 대신 매운 양념을 면 밑에 깔고, 양념, 면, 다진 고기 등 토핑을 잘 비벼서 먹으면 됩니다. 제 생각에 국물이 없는 탄탄멘은 슥슥 비벼 먹는 스타일이라 한국인의 감성에 잘 맞지 않을까 싶습니다!

매운 건 못 먹는데 얼얼한 마麻 맛은 잘 먹습니다

한국에서 몇 년 전 마라탕이 유행했다고 들었어요. 중국요리에 '마라麻辣'라는 말이 있죠. '마麻'는 얼얼하고 혀가 저린 맛, '라辣'는 매운맛을 뜻해요. 원래 일본 요리에는 매운 향신료를 잘 쓰지 않았는데요. 일본에 있는 중국집에서는 옛날부터 탄탄멘이나 마파두부 등 중국 향신료를 많이 넣은 사천요리가 인기 메뉴였기 때문에 일본인은 마한 맛에 익숙한 편이에요.

일반적으로 일본인은 한국인보다 매운 걸 잘 못 먹죠. 한국인 친구와 매운 한국요리를 먹다가 너무 매워서 진땀 흘린 일본인이 많을 거예요. 하지만, 일본에서 한국인과 사천요리를 함께 먹으면 반대 상황이 벌어지기도 해요. 일본인은 괜찮은데 의외로 한국인이 마한 맛 때문에 못 먹는 경우가 있거든요. 이럴 때 일본인은 '음? 한국인은 매운 거면 다 잘 먹는 거 아니었어?' 싶기도 합니다. 좀 신기한 말이지만 일본인은 '마麻'도 '라辣'도 구별 없이 다 '맵다'라고 표현하거든요.

이런 식문화 배경 때문에 모르고 화자오가 듬뿍 들어간 요리를 시켰다간 먹기 힘드실 수도 있으니 사천요리를 드실 때 주의하시는 것이 좋을 것 같습니다. 또한, 일본에서 라멘이나 장어 덮밥에 뿌리는 초피가루(일본어로 '산쇼 山椒'라고 해요)도 자극이 강하니 그것도 조심하세요. 반대로 '난 얼얼한 거 좋아해' 하시는 분들은 **table. 12 일본식 중국요리**(322p)를 참고하세요!

일본 드라마 〈고독한 미식가〉에 나온 국물이 없는 탄탄멘. 중국 가정요릿집 '양 楊'

면이 살아 있는 탄탄멘 맛집 'okudo 도쿄'

menu

**여름에 꼭
먹어줘야 하는 냉라멘**

히야시츄카
冷やし中華
나왔습니다

오늘따라 시원한 게 땡긴다면 히야시츄카를 드셔보세요. 히야시츄카는 일본에서 발달한 중국냉면이에요. '히야시冷やし'는 '차갑다', '츄카中華'는 '중화'라는 뜻인데요, 이름만 보면 중국요리에 뿌리가 있는 음식처럼 보이지만, 오랫동안 일본에서 현지화되어 중국 냉면과는 맛도 조리법도 크게 달라졌습니다.

히야시츄카의 생명은 면발이에요. 면을 삶은 다음 찬물에 넣어 탱탱한 식감의 면발을 만듭니다. 일반적인 라멘처럼 국물을 많이 넣지 않고 자작하게 담아 먹는데요, 국물은 간장 베이스에 식초를 넣은 새콤한 맛이 기본입니다. 주요 토핑은 차슈, 햄, 달걀지단, 오이 등으로 그 위에 토마토나 마요네즈를 얹어 먹기도 해요.

일본도 한국처럼 여름이 되면 차가운 면요리를 먹는 식습관이 옛날부터 있었어요. 히야시츄카는 그 대표적인 차가운 면요리라고 할 수 있어요. 매년 여름이 오면 "히야시츄카 하지메마시타冷やし中華始めました", 즉 "히야시츄카 개시했습니다"라는 간판이 중국요릿집이나 라멘집 앞에 붙어요. 그 간판을 보고 '아, 여름이 왔구나' 실감하죠. 그래서 히야시츄카는 여름을 상징하는 음식이라고 할 수 있습니다. 그런 의미로만 보자면 한국의 콩국수와 비슷하지 않을까 싶어요. 히야시츄카는 보통 여름 한정 메뉴라서 여름이 끝나면 판매도 함께 끝나요. 편의점에서도 여름 동안 히야시츄카를 바짝 팝니다.

"히야시츄카 개시했습니다."
여름이 오면 일본에서 이런 포스터를 볼 수 있습니다.

탱탱한 면발이 생명인 히야시츄카

menu

**소비량은 한국을
이길 수 없지만,
일본인도
너무나 사랑하는**

즉석 라면
即席ラーメン
나왔습니다

한국인 친구들이 일본에 놀러 왔을 때, 숙소 바로 가까이에 유명한 라멘 맛집이 있음에도 불구하고 편의점에서 '유명 맛집을 재현한 컵라면'을 사 먹는 걸 보고 깜짝 놀란 적이 있어요. 역시 컵라면 소비량 세계 1위인 한국! 일본인들은 연간 평균 30개 정도의 컵라면을 먹는다고 하는데요, 한국인은 70개 이상이라고 하니 일본인의 두 배 정도 더 섭취하는 셈이네요.

일본에서는 연간 약 1500종의 컵라면이 판매된다고 해요. 신제품은 한 달 안에 히트하지 않으면 바로 없어집니다. 원래 즉석 라면은 봉지 라면이 주류였는데, 1990년대 들어서 컵라면 판매량이 봉지 라면을 넘어서더니 현재는 봉지라면과 컵라면 판매량의 비율이 1:2 정도라고 합니다.

일본 즉석 라면의 원조는 '닛신 日淸'이라는 식품 회사예요. 1958년에 처음으로 즉석 라면 브랜드인 '치킨라멘 チキンラーメン'을, 1971년에 컵라면 '컵누들 カップヌードル'을 판매했습니다. 치킨라멘으로 성공한 닛신이 미국에 진출하려고 개량해서 만든 게 바로 컵누들이었죠. 미국에는 라멘 그릇(=돈부리)이 없었기 때문에 용기에 담은 라멘을 만들어 팔기 시작한 것이 현재 사람들이 즐겨 먹는 형태의 컵라면이 되었습니다.

참고로 컵누들이 유명해진 계기는 컵누들 판매가 시작된 다음 해인 1972년에 생긴 큰 사건 '아사마야마 산장 사건' 때문입니다. 당시 일본의 좌익 세력이 아사마 산장에서 인질을 잡아두고 농성을 했는데, 그때 대응하던 경찰관들이 컵누들을 먹는 모습이 실시간으로 TV에 중계되었대요. 그때 일본 전국으로 급속히 컵누들이 알려진 것이죠. 치킨라멘을 개발하는 과정은 일본 방송국 NHK의 드라마 〈만푸쿠 まんぷく (2018~2019년 방송)〉에 꼼꼼하게 재현되어 있으니, 혹시 관심이 있다면 한번 시청해보세요. 드라마를 보고 나면 더욱 맛있게 치킨라멘을 즐기실 수 있을 거예요.

유명 맛집의 맛을 재현한 컵라면도 많이 팔립니다. 이건 유가와라 맛집 '이이다쇼텐 らぁ麵屋飯田商店' 컵라면으로, 유가와라 지역 세븐일레븐에서 꼭 볼 수 있습니다.

네모가 추천하는 일본 컵라면 8

1. 닛신 컵누들 日清カップヌードル / 닛신 日清

초인기 스테디셀러 컵라면입니다. 개인적으로 가장 좋아하는 건 카레 맛이고요, 색다른 맛으로는 '칠리 토마토 맛'을 추천하고 싶습니다. 마치 코카콜라 제로처럼, '닛신 컵누들 NICE'라고 지질과 당질, 칼로리가 모두 50%나 다운된 상품도 있는데요, 그냥 컵누들과 차이를 느끼지 못할 만큼 맛있어요.

2. 치킨라멘 チキンラーメン / 닛신 日清

앞에서도 언급한 일본 즉석 라면의 원조 치킨라멘이에요. 컵라면으로 파는 것도 있습니다. 면 위에 달걀을 올려서 드셔보세요. 달걀을 풀 수 있도록 건면 가운데가 오목하게 들어가 있답니다.

3. 삿포로 이치반 サッポロ一番 / 산요식품 サンヨー食品

삿포로 이치반도 스테디셀러 컵라면입니다. 라멘의 3대 맛인 간장 맛, 소금 맛, 된장 맛이 전부 출시되었고, 그중 저는 소금 맛을 제일 좋아합니다. 이 제품은 특히 일본 동쪽 지방에서 인기가 많아요.

1.

2.

3.

4. 와카메라멘 わかめラーメン / 에이스콧쿠 エースコック

옛날부터 일본인이 좋아하는 간장 맛 라멘이에요. 미역이 들어가서 담백하고 소박한 맛이 나는데요. 이게 바로 일본다운 컵라면이라고 생각해요.

5. 라오우 ラ王 / 닛신 日清

면이 맛있는 것으로 유명한 컵라면. 처음엔 장기 보존이 가능한 건면으로 판매하다가, 튀기지 않은 생면으로 면을 변경했어요. 웬만한 라멘 맛집보다 맛있다고 해서, 한때 도쿄 시부야역 플랫폼에 라오우의 즉석면만 파는 특설 매장까지 생겼었답니다.

6. 스미레 삿포로 농후 된장 すみれ 札幌濃厚味噌 / 닛신 日清

홋카이도 삿포로에서 유명한 미소라멘 맛집 '스미레 すみれ'의 맛을 재현한 컵라면으로, 일본의 편의점 세븐일레븐에서만 구매할 수 있는 상품입니다. 미소라멘 계열의 컵라면은 많지 않은데, 이 상품은 굉장히 완성도가 높아서 추천해요.

4.

5.

6.

7. 와카야마라멘 行列のできる店のラーメン 和歌山 / 닛신 日清

줄 서서 기다리는 인기 라멘 맛집의 맛을 재현하는 시리즈 중 하나로 나온 컵라면이에요. 이 시리즈는 상온 저장 식품과 저온 냉장 식품을 포함해 종류가 정말 많은데, 저는 그중 와카야마라멘의 컵라면을 추천하고 싶어요. 진한 톤코츠쇼유 맛이 일품입니다.

8. 뉴터치 스고멘 요코하마 톤코츠야 ニュータッチ 凄麺 横浜とんこつ家 / 야마다이 ヤマダイ

요코하마 横浜 지방식 이에케이라멘 맛 컵라면. 이에케이라멘 컵라면을 파는 업체가 많은데, 개인적으로 이게 제 취향에 맞더라고요. 이에케이라멘의 필수 토핑인 김도 들어있습니다.

7.

8.

nemo's dessert

일본식 붕어빵

어쩐지 친숙한 모양의 일본 과자, 타이야키를 드셔보시겠어요? 타이야키는 쉽게 말해 일본식 붕어빵이에요. 밀가루로 만든 반죽에 팥을 넣어 굽습니다. 재료도 만드는 방법도 한국 붕어빵과 기본적으로 똑같은데, 타이야키가 붕어빵보다 조금 더 커요. 가격은 한 개 100~200엔(한국 돈으로 1000~2000원 사이) 정도로 붕어빵보다는 좀 비싼 편이죠.

일본어로 '타이たい'는 '도미'를 뜻해요. 원래 타이야키의 원형은 '이마가와야키今川焼き'라고 해서 동그란 모양의 음식이었어요. 그런데 조금이라도 더 많이 팔기 위해 변화를 시도하다 지금의 도미 모양이 된 것이라고 해요. 일본에서 도미는 축하할 일이 있을 때 먹는 생선이거든요. 그래서 '타이야키'로 이름과 모양을 바꾼 것이죠. 참고로 타이야키의 원형인 이마가와야키는 지금도 일본에서 팔고 있어요. 이마가와야키는 한국의 '오방떡'과 닮았는데요. 인천 차이나타운에서 '홍두병紅豆餠'이라는 이름으로 일본식 이마가와야키를 잘 재현해 파는 것을 본 적 있어요.

타이야키는 붕어빵처럼 노점에서 파는 음식이긴 한데, 전문점도 있어요. 도쿄에는 1900년대 초반에 창업한 아주 오래된 노포도 있습니다. 참고로 도쿄 3대 타이야키 맛집은 '야나기야柳屋(닌교쵸 人形町, 1916년 창업)', '나니와야 소혼케浪花家総本店(아자부쥬반 麻布十番, 1909년 창업)', '와카바 わかば (요츠야 四谷, 1953년 창업)'입니다. 각각 타이야키의 식감, 팥의 맛 등 개성이 다르니 먹어보며 비교하는 재미가 있을 거예요.

장인이 하나하나 구워주는 도쿄 타이야키 전문점 '샤라쿠写楽'

table
no.5

そば

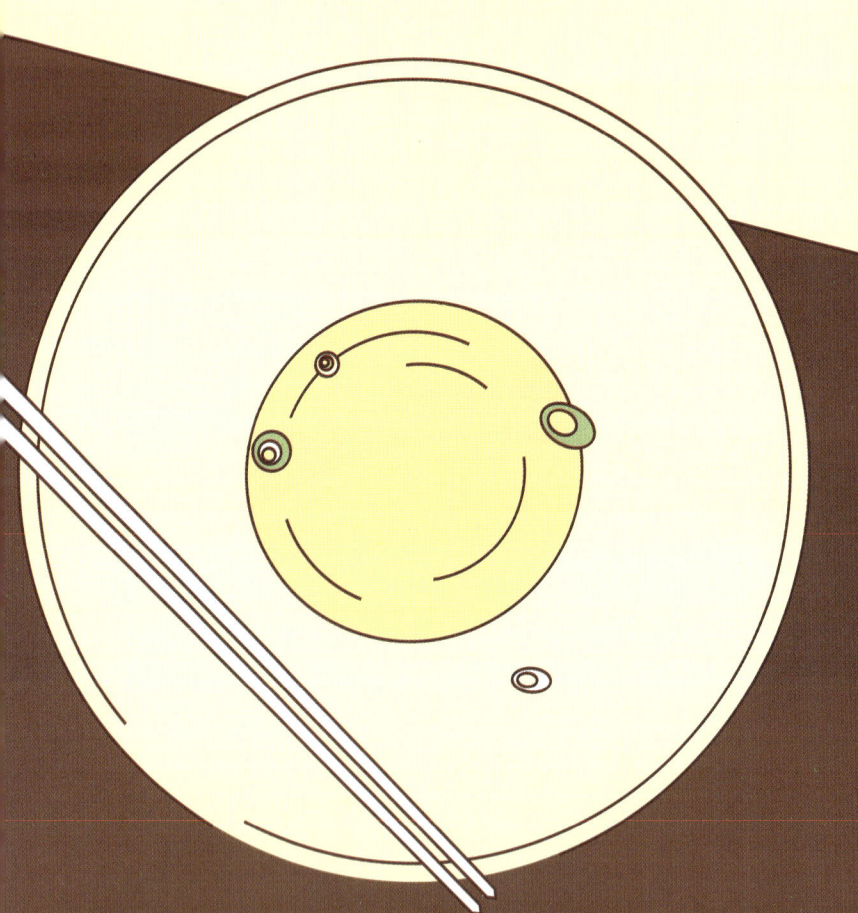

nemo's memo

옆 테이블 네모로부터

> 소바 そば,
> 알고 먹으면
> 더 맛있어요!

라멘이 일본에 정착하기 전까지는, 일본 면요리의 주인공은 바로 '소바'와 '우동'이었습니다. 물론 소바와 우동은 여전히 일본인들이 자주 먹는 전통 면요리예요. 소바는 일본 어디에서나 먹을 수 있고, 우동은 지역마다 면발의 굵기나 토핑이 다양해서 찾아다니며 먹는 경우도 많습니다. 둘 다 일본 여행 중이라면 먹을 기회가 많은 음식인 것 같네요. 이번에는 일본 소바와 우동의 재미있는 이야기들을 들려드릴게요!

일본에서 메밀국수는 '소바'라고 해요. 소바는 옛날부터 일본인들이 정말 좋아하는 음식이에요. 특히 1600년대 에도시대 이후 많이 먹기 시작해서 스시, 텐푸라와 함께 '에도 3대 요리'라고 불립니다. 일본에서 소바는 따뜻하게도 먹고 차갑게도 먹기 때문에 한국처럼 꼭 냉국수라는 이미지는 없어요.

소바의 국물을 '츠유つゆ'라고 하는데요. 츠유는 간장으로 만든 국물로 지역에 따라 맛, 색깔, 농도에 차이가 있어요. 참고로 도쿄식 소바는 색깔이 진한 검은색이어서 다른 지방에서 온 사람들이 깜짝 놀라기도 합니다. 예전에는 "소바는 간토, 우동은 간사이"라는 말이 있었습니다. 일본 동쪽 지방인 간토 쪽에 소바가 맛있는 지역이 많고, 우동이 맛있는 지역은 오사카가 있는 일본 서쪽에 많기 때문에 그렇게 말하는 사람도 있었던 것 같아요.

소바라는 호칭은 메밀국수만 가리키는 말이 아니에요
또 아주 옛날에는 '소바'라고 하면, 국수가 아니라 '메밀'을 사용하는 요리 전체를 가리키는 말이었어요. 국수가 아닌 것도 포함한 메밀 요리의 총칭이었답니다. 그런데 에도시대 이후 메밀 요리를 대부분 국수로 만들면서 소바라고 하면 자연스럽게 메밀국수가 되었고, 어느새 다른 면요리까지도 가리키는 말이 되었습니다.

소바의 정의가 헷갈리다 보니 이런 얘기를 하는 분들도 있어요. "일본에서 아부라소바를 주문했더니, 메밀국수가 나올 줄 알았는데 면은 라멘 면이었어요." 혹시 비슷한 경험을 하신 적 있나요? 아부라소바(125p)는 사실 라멘의 일종이죠. 이렇게 아부라소바처럼 밀가루로 만든 라멘도 소바라는 말로 부르기도 합니다. 오키나와 향토 면요리인 '소키소바 ソーキそば(184p)'도 메밀국수가 아닌데 소바라는 말을 붙인 음식입니다.

물론 일본인들이 그냥 "우리 소바 먹으러 갈래?"라고 하면 그건 한국분들이 알고 있는 메밀국수를 의미하는 경우가 대부분이지만, 잘 구별해서 부르기 위해 소바를 '니혼소바 日本そば', 즉 '(전통적인) 일본 메밀국수'라고 부르기도 해요.

한국 메밀국수와 일본의 소바는, 생각보다 맛이 달라요

한일 양국에서 소바를 맛볼 때마다 국물 맛에서 차이를 많이 느꼈어요. 일본인이 한국에서 메밀국수를 먹으면 '왜 이렇게 소바 국물이 달지?' 싶어서 놀랍니다. 이건 마치 한국인이 일본에서 김치를 먹고 '왜 이렇게 김치가 달아?' 하고 생각하는 것과 비슷한 느낌인데요. 양쪽 다 국물이 간장 베이스인 건 같은데, 한국에서는 주로 멸치를 끓여서 맛을 내고, 일본에서는 멸치 이외에 가쓰오부시로 맛을 더하는 차이가 있다고 들었습니다.

그리고 면 차이도 있는 것 같아요. 한국은 메밀가루에 녹말을 넣은 탱탱한 면발을, 일본은 녹말을 되도록 적게 넣은 부드러운 면발을 뽑아요. 밀가루 20%, 메밀가루 80%의 소바를 '니하치소바 二八そば', 메밀가루 90%의 소바를 '큐와리소바 九割そば', 100% 메밀가루만 들어간 소바를 '쥬와리소바 十割そば'라고 부른답니다.

소바를 먹고 나서 필요한 것, 소바유 蕎麦湯

소바를 먹은 후, '소바유'를 주는 소바집이 있어요. 소바유란 소바를 삶고 난 뜨거운 물입니다. 소바에 들어있는 비타민, 미네랄 등의 영양가가 소바유에 많이 녹아 있어 몸에 좋다고 해요. 색은 조금 하얗고 맛은 살짝 메밀의 고소한 향이 느껴집니다. 일본인들은 나이가 들면 이런 맛이 좋아진다고 말해요. 소바를 먹은 후 아무 말을 안 해도 소바유를 주는 식당도 있고, 아닌 곳도 있어요. 혹시 안 나온다고 해도 사장님께 달라고 부탁하면 대부분의 소바집에서 줄 거에요. 물론, 공짜입니다.

건강해지는 느낌, 소바유를 드셔보세요.

일본인이 중요시하는 미각, 우마미 旨味

일본 소바의 맛을 설명하려면 또 하나 언급해야 할 게 있습니다. 바로 '우마미'예요. 우마미란 일본인이 만든 미각을 설명하는 단어 중 하나로, 1907년에 일본인 화학자가 발견 후 세계에 처음으로 발표하였어요. 혀로 감지할 수 있는 단맛, 신맛, 짠맛, 쓴맛 외 제5의 미각입니다. 굳이 한국어로 번역을 하려면 '감칠맛'과 좀 비슷한 것 같기도 한데, 일본인 이외에는 짠맛과 구별하기 어렵다고도 하더라고요.

구체적으로는 다시마나 가츠오부시, 버섯 등을 끓였을 때 나오는 아미노산이 우마미 성분이라고 하는데, 일본 요리 전반에 아주 중요하고 일본다운 맛을 내는 필수 요소라고 할 수 있습니다. 이 우마미에 익숙하지 않은 외국인은 소바 국물을 맛보았을 때 그냥 짜다고만 느껴질 수도 있다고 해요.

참고로 일본에서는 건강을 지키기 위해, 염분 대신 우마미를 강하게 넣는 경우도 있습니다. 우마미 자체는 몸에 안 좋은 성분이 아니고(오히려 영양가가 있어요), 감칠맛에 가깝기 때문에 대체 가능한 것이죠.

소바집의 이름은

☞ 에키소바 駅そば

에키소바는 얼핏 들으면 소바 종류 중 하나인 것 같지만, 음식이 아니라 가게의 형태를 가리키는 말이에요. 직역하면 '역 메밀국수'인데, 가게가 역 안이나 역 가까이에 있고 일본 회사원들이 자주 이용하는 소바집을 에키소바라고 부릅니다. 저렴한데 의외로 맛있는 집이 많아서 에키소바를 좋아하는 현지인들이 참 많죠.

☞ 타치구이소바 立ち食いそば

타치구이소바는 '서서 먹는 소바집'으로, 역시 가게 형태를 가리켜요. 위에서 본 에키소바 같은 곳도 사람들이 서서 먹는 경우가 많아요. 좁은 공간에서 먹고 바로 나가기 위해 그렇게 된 것이죠. 요즘에는 의자가 없는 게 불편하다고 해서 이런 형태의 점포는 점점 줄어들고 있지만, 재밌는 체험을 해보고 싶다면 한번 들러보는 것도 좋겠습니다.

에도시대부터 200여년의 역사를 지키는 노포 소바집 '사라시나 호리이 更科堀井'

긴자에서는 불가능할 법한 저렴한 가격의 서서 먹는 소바집 '요모다소바 よもだそば'

menu
정통과 기본의 맛

모리소바는 일본식 판모밀이에요. 소바와 츠유 간장이 따로 나와서 찍어 먹는 스타일입니다. 차가운 소바라서 여름에 자주 먹죠. 모리소바랑 매우 비슷한 음식 중 '자루소바 ざるそば'가 있어요. 모리소바와 자루소바의 차이는 간단합니다. 모리소바는 토핑은 거의 없고 파나 와사비 정도의 고명만 얹어 심플하게 먹는다면, 자루소바는 면 위에 자른 김이 얹어 나온다는 것이에요. 원래는 자루소바가 좀 더 좋은 재료를 쓰는 요리라는 느낌이 있었는데, 현재는 김이 들어가는지 안 들어가는지의 차이뿐이라고 생각하면 됩니다. 참고로 소바의 맛을 제대로 느끼려면 김을 얹지 않은 모리소바가 낫다고도 해요.

먹는 방법은 츠유에 와사비와 잘게 자른 파를 조금 넣어 풀고, 소바를 한입씩 찍어 먹어요. 소바를 후루룩거리며 먹을 때 일부러 소리를 내는 사람이 있는데, 그건 공기를 같이 먹어야 입안에서 소바의 풍미를 더욱 잘 느낄 수 있어서 그렇게 하는 거래요. 외국 사람들이 보면 약간 이상해 보일 수도 있을 테지만, 적어도 일본 소바집에서는 오히려 매너 있는 행동인 것이죠. 츠유는 맛이 진하니 면을 조금씩 찍어 먹는 게 좋아요. 이건 일본에서 국물이 따로 나오는 면류 전체적인 특징이니, 먹을 때 꼭 기억해주세요.

소바를 많이 먹기 시작한 에도시대에는 이런 모리소바나 자루소바 같은 판모밀 소바가 주요 장르였어요. 그 후 점점 국물이 있는 것과 없는 것, 따뜻한 것과 차가운 것 등 여러 스타일이 나오면서 소바의 종류도 다양해졌습니다. 가끔 이런 판모밀 스타일의 소바를 '세이로せいろ'라고 부르는 가게도 있어요. '텐세이로 天せいろ'는 텐푸라(262p)가 같이 나오는 판모밀, '카모세이로 鴨せいろ'는 츠유에 오리고기가 들어있는 판모밀이랍니다.

모리소바는 소바류 음식의
기본이라고 할 수 있어요.

냉소바 말고 온소바, '카케소바 かけそば'도 있어요

모리소바가 츠유에 면을 찍어 먹는 냉소바였다면, 카케소바는 면에 따뜻한 국물을 부어 먹는 온소바예요. 토핑이 거의 없고 가게에서 제일 싼 메뉴인 경우가 많아요. 그러니 일본에서 먹방 여행을 하고 싶다면 카케소바보다 좀 더 좋은 메뉴를 주문하는 게 좋다고 생각합니다.

카케소바는 소박하고 따뜻한 맛

menu
든든한 탄수화물의 향연

> 텐푸라소바
> 天ぷらそば
> 나왔습니다

여기서 텐푸라는 '튀김'을 뜻하는 일본어로, 텐푸라소바는 말 그대로 튀김을 얹은 따뜻한 국물의 소바예요(텐세이로天せいろ라고 하면 차가운 소바와 따뜻한 텐푸라가 따로 나옵니다). 텐푸라소바는 소바집 메뉴 중에서 가격이 비싼 편입니다. 비교적 앞서 소개한 '카케소바'보다 고급 메뉴죠.

'카키아게소바かきあげそば'라는 것도 있는데요, 텐푸라소바의 일종이라고 볼 수 있어요. '카키아게かきあげ'는 반죽을 뭉쳐 잘게 썬 채소에 새우 등 해산물을 섞어 바삭하게 튀긴 텐푸라의 한 종류인데요, 한국으로 치면 '야채튀김' 정도 될 것 같아요. 기본적으로 튀김 소바라고 하면 텐푸라소바를 생각하지만 한 번쯤 카키아게소바를 드셔보시는 것도 추천해요. 텐푸라소바는 바삭한 텐푸라를 그대로 먹는 재미가 있다면, 카키아게소바는 국물에 부드럽게 풀어 소바와 함께 먹는 재미가 있답니다.

소바를 먹는 재밌는 풍습이 있어요

☞ **도시코시소바** 年越しそば

섣달그믐날에 소바를 먹는 일본 풍습이에요. 소바는 면이 부드러워서 이로 쉽게 끊을 수 있죠. 그래서 "한 해 액운을 끊는다"는 의미로 소바를 먹는다고 합니다.

☞ **힛코시소바** 引っ越しそば

이사를 온 사람이 이웃 사람들에게 소바를 나눠주는 풍습이에요. 소바의 면이 길기 때문에 "오래 친하게 지내요"라는 의미로 소바를 건네는 거죠. 그리고 소바는 동음이의어로 '곁', '근처'라는 의미도 있어요. 그래서 '소바(근처)에 왔습니다'라는 의미 또한 함께 담아 이웃 사람에게 소바를 주게 되었답니다(뭐, 그냥 우스갯소리지만요).

소바집 텐푸라는 누가 뭐래도 새우가 주인공입니다.

따뜻하게 먹는 카키아게 소바 맛집, '코모로소바 小諸そば'

소바와 츠유, 텐푸라가 각각 따로 나오는 텐세이로. 차갑게 먹어요.

menu

마음까지 따뜻해지는

카모난반
鴨南蛮
나왔습니다

따뜻한 츠유에 오리고기와 대파가 들어간 소바, 카모난반입니다. '카모^鴨'는 '오리', '난반^{南蛮}'은 여기서 대파를 가리켜요. 참고로 다른 요리에서 '난반'이란 말은 해외에서 들어왔다는 의미도 있습니다(치킨난반(240p)도 마찬가지에요). 오리고기의 기름과 대파의 성질이 몸을 따뜻하게 한다고 해서, 특히 겨울에 인기가 많은 소바입니다. 카모난반은 소바집의 기본 메뉴로 매우 보편적인 오리고기 요리에요.

따뜻하고 든든한 카모난반

고기가 들어간 소바를 먹고 싶다면, 니쿠소바 肉そば

고기를 얹은 '니쿠소바'는 사실 전통적인 소바는 아니에요. 유명한 소바 체인점인 '후지소바 富士そば'에서 인기를 끌고 있는 비교적 최신 유행 메뉴랍니다. 요즘에는 니쿠소바 전문점도 생기고, 대량의 고기에 고추기름이나 달걀노른자를 넣어 먹는 정크 푸드 느낌의 니쿠소바도 함께 인기를 끌고 있어요.

츠유에 찍어 먹는 니쿠소바는 도쿄 소바 맛집 '미나토야 港屋'가 개발한 메뉴인데요. '일본에서 가장 긴 줄을 서서 먹는 소바'로 대박이 난 메뉴였어요. 아쉽게도 2019년 미나토야는 폐점하였고, 비슷한 스타일의 소바를 파는 가게가 한국에도 생긴 것으로 알고 있습니다.

기타 소바 종류

앞서 소개한 소바 말고도 재밌는 이름과 유래를 지닌 독특한 소바들이 있어서 잠시 소개해드릴게요.

☞ **키츠네소바** きつねそば

유부를 얹은 소바를 '키츠네소바'라고 해요. '키츠네 きつね'는 '여우'라는 뜻인데 일본에서 유부는 여우가 좋아하는 음식이라고 알려져 있기 때문에 이런 이름이 되었다고 해요.

도쿄 중심으로 인기 많은 소바 체인점
'후지소바 富士そば'에서 파는 니쿠소바

🔖 **타누키소바** たぬきそば

알맹이 없는 튀김옷 '타네누키 たねぬき'를 얹은 소바로, 발음이 너구리를 뜻하는 '타누키 たぬき'와 비슷해서 타누키소바라고 부릅니다.

🔖 **츠키미소바** 月見そば

날달걀이나 노른자를 얹은 소바예요. 츠키미는 '달구경'이라는 뜻으로, 달걀노른자가 마치 보름달처럼 보여서 이런 이름으로 불리게 되었어요.

🔖 **오로시소바** おろしそば

오로스 おろす는 '강판에 갈다'라는 뜻이 있어요. 무를 갈아서 낸 무즙을 얹어서 먹는 소바를 뜻해요.

🔖 **토로로소바** とろろそば

토로로(간 마)를 얹은 소바예요. '야마카케소바 山かけそば'라고 부르기도 합니다. 토로로는 소바와 잘 어울리는 재료로, 일본 소바집의 인기 메뉴랍니다.

토로로소바. 이렇게 끈적끈적한 음식이 소바와 잘 어울리는 것 같아요.

오로시소바. 여름에 시원하게 먹는 인기 소바 메뉴랍니다.

nemo's memo

옆 테이블 네모로부터

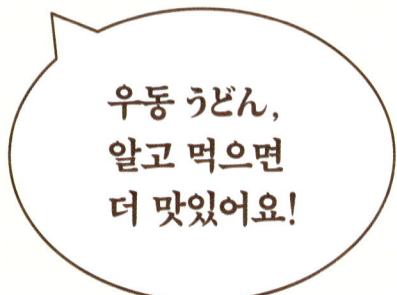

우동은 소바와 함께 일본을 대표하는 전통적인 면요리입니다. 면은 밀가루로 만들고, 탄력이 넘치는 게 특징이죠. 지역마다 면의 굵기는 다르지만, 일반적으로 다른 면요리들에 비해 면이 굵은 편입니다.

우동이 생긴 시기에 관해서는 여러 설이 있는데요, 아무래도 오늘날 사람들이 먹는 우동은 에도시대 이후 일본 전국에 퍼진 것으로 보고 있어요. 일본에서 우동 소비량이 제일 많은 지역은 '사누키우동 讃岐うどん'이 유명한 가가와현 香川県 (일본 서쪽 지방)으로, 예전엔 일본의 서쪽 지방이 우동으로 유명했어요. 하지만 지금은 우동 소비량 2위 사이타마현 埼玉県과 5위 군마현 群馬県 등, 일본 동쪽 지방에서도 유명한 우동들이 생겨나면서 동서 상관없이 전국적으로 사랑받는 음식이 되었습니다. 참고로 서쪽 지방은 츠유의 색과 맛이 연한 경향이 있어요. 국물의 색깔이 연한 건 우동뿐만 아니라 서쪽 지방 음식의 전반적인 특징입니다.

쫄깃한 우동 면발을 표현하고 싶을 때, 코시 コシ

일본인은 우동을 먹으면서 "아, 이 우동은 코시가 있어서 좋다!"고 말하기도 해요. 여기서 코시란 쉽게 말하면 면의 탄력입니다. '딱딱하다'와는 좀 다르고, 탄력이 있으면서도 적당히 식감이 좋은 것을 '코시가 있다 コシがある'라고 표현해요. 굳이 한국어로 말하자면, '쫄깃쫄깃', '탱글탱글' 정도로 표현할 수도 있을 것 같아요. 여러분도 우동을 먹을 때 면의 코시를 느껴보세요.

일본인은 감기에 걸리면 우동을 먹는다?

일본에선 감기에 걸렸을 때, 소화가 잘 된다고 해서 따뜻한 우동을 먹는 사람이 많아요. 의사 선생님도 감기엔 우동을 먹으라고 하고요. 우동은 탄수화물임에도 위장에 부담스럽지 않은 음식이라고 생각하는 것 같습니다. 일본에서 우동은 이유식으로 아기에게 주기도 하는데 역시 같은 이유겠죠. 일본인들은 혹시 아기 때부터 먹은 음식이라서 평생 우동을 사랑하는 걸까요?

쫄깃쫄깃한 면발, 이게 바로 우동의 코시!

각 지방의 유명한 우동을 소개합니다

☞ **사누키우동** 讚岐うどん / **가가와현** 香川県

일본에서 우동이라고 하면, 뭐니 뭐니 해도 사누키우동이죠. 사누키우동은 가가와현의 향토 요리입니다. 참고로 '사누키 讚岐'란 말은 가가와현의 옛 지명이에요. 가가와현은 1인당 우동 소비량 전국 1위로 '우동 왕국'이라 불리기도 해요. 엄청나게 많은 우동집이 있고, 시내뿐만 아니라 좀 떨어진 시골까지도 우동 맛집이 수두룩한데요, 시내에서 가가와현 관광 상품인 '우동 택시'를 이용하면 우동 맛집을 잘 아시는 운전 기사님이 추천할 만한 우동 맛집으로 안내해주신답니다(검색창에 한국어로 '우동 택시'를 검색하면 쉽게 예약할 수 있어요).

사누키우동은 탄력을 내기 위해 옛날엔 발로 면을 밟는 족타 방식으로 만들었다고 하는데, 이제는 수타나 기계식으로 만들고 있어요. 한국에도 진출한 우동 가게 '마루가메제면'도 사누키우동 스타일이긴 하나, 본고장인 가가와현에는 다른 맛있는 우동 맛집이 워낙 많기 때문에 점포를 거의 두지 않았다고 합니다. 그만큼 가가와현은 우동의 수준이 높고 가게마다 경쟁이 치열한 것 같아요.

☞ **이나니와우동** 稲庭うどん / **아키타현** 秋田県

아키타현 남부의 향토 우동. 우동치고는 면이 약간 가는 게 특징이에요. 이나니와우동의 역사는 1665년쯤부터 시작되었습니다. 이나니와 마을에서 탄생한 이나니와우동은 원래 아키타 영주의 일족만 먹을 수 있는 음식이었다고 해요. 그 제조법은 '일자상전(一子相伝, 자식 한 명에게만 비법을 전함)'이었지만 언젠가 끊어지지 않을까 걱정하여 특별하게 이나니와 마을에 사는 사토 요스케 佐藤養助 씨에게 제조법을 가르쳤습니다.

참고로 서울에도 진출한 이나니와 우동 맛집 '사토 요스케'는 바로 그 사토 요스케 씨가 1860년에 창업한 가게입니다. 창업 후에도 당분간 이나니와우동은 주로 지위가 높은 사람이 먹는 우동이었고, 1972년에 그 제조법이 공개될 때까지 일반인은 먹을 수 없는 우동이었답니다. 이제는 동네 마트에서도 이나니와우동 건면을 파는 등 흔히 볼 수 있는 우동이 되었어요. 저도 집에서 자주 해 먹습니다.

이나니와우동의 면은 밀가루를 반죽하고 숙성하는 과정을 여러 번 반복한 뒤 건조시킨 건면입니다. 몇 번이나 반죽하는 사이 면에 공기가 나가고 그로 인해 특유의 매끄러운 식감이 탄생하죠. 주로 츠케멘처럼 츠유에 찍어 먹는 스타일이 일반적이에요.

☞ **고토우동** 五島うどん / **나가사키현** 長崎県
고토우동은 면이 가늘지만 코시가 강해요. 동백기름을 발라서 면을 숙성시키는 게 고토우동만의 특징이에요.

☞ **미즈사와우동** 水沢うどん / **군마현** 群馬県
미즈사와우동은 면이 약간 가늘고 코시가 강해요. 하얀 빛깔을 띠지만 군데군데 투명한 부분도 있습니다. 국물이 따로 나오는 냉우동 스타일로 파는 가게가 많아요.

☞ **키시멘** きしめん / **아이치현** 愛知県
폭이 넓고 두께가 얇은 평평한 면을 사용한 우동. 국물은 일반적인 우동과 마찬가지로 간장 베이스인데, 아이치현의 명물인 미소 된장이나 카레가 베이스로 들어가기도 해요.

☞ 하카타우동 博多うどん / 후쿠오카현 福岡県

'하카타'라고 하면 톤코츠라멘이 유명한 지역인데, 사실 하카타 사람들은 톤코츠라멘보다 우동을 자주 먹는다고도 해요(톤코츠라멘은 상대적으로 국물이 느끼한 편이라 자주 먹기는 힘든 음식이죠). 하카타 우동의 특징은 부드러운 면발입니다. 코시가 약해서 사누키우동과는 대비되는 식감이죠. 국물은 정어리나 날치, 다시마 등을 끓인 뒤 연한 간장을 넣고 만들어요. 토핑은 여러 가지가 있는데 큼지막한 튀김 우엉을 얹은 '고보텐우동 ごぼう天うどん'이 굉장히 유명합니다.

우동은 역시 사누키우동이죠!

저렴한 가격에 이나니와우동과
미니 돈부리 세트를 제공하는 맛집
'나나쿠라 七蔵'

후쿠오카 하카타 명물 거대한 우엉
텐푸라 우동이 소문난 맛집 '다이치노우동
大地のうどん'

menu

국물을 부어 먹는 재미!

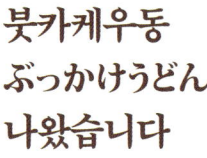

붓카케우동
ぶっかけうどん
나왔습니다

붓카케우동은 면을 삶은 뒤 면수를 버리고, 간장이나 소량의 츠유를 면에 부어 먹는 우동입니다. 원래 따로 국물이 나와서 면을 찍어 먹는 스타일이었는데 그게 귀찮아서 아예 츠유를 부어서 먹게 되었다고 해요. 붓카케 우동을 처음 시키신 분이라면 국물 양이 너무 적어서 당황하실 수도 있는데요, 츠유는 원래 그렇게 양이 적은 것이 맞으니 걱정 마세요. 붓카케우동은 차갑게 먹을 수도, 따뜻하게 먹을 수도 있고 토핑은 파, 생강, 튀김옷이 기본입니다. 추가로 반숙란이나 고기, 텐푸라를 얹어 먹기도 해요. 참고로 일본어로 '붓카케 ぶっかけ'는 '붓다(혹은 뿌리다)'는 뜻이에요. 국물을 붓는다는 뜻으로 이름이 붓카케 우동이 된 게 아닐까 싶어요.

도쿄 최고 수준의 붓카케 우동을 저렴한 가격에 맛볼 수 있는
'오니얀마 おにやんま'의 냉붓카케우동과 온붓카케우동

menu

**우동의 고장에서
사랑받는**

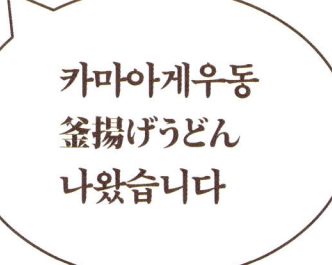

카마아게우동
釜揚げうどん
나왔습니다

카마아게우동은 츠케멘이나 모리소바, 자루소바처럼 면을 국물에 찍어 먹어요. 여기서 한 가지 독특한 건, 다른 찍어 먹는 스타일의 면요리들은 국물 없이 면 따로 소스 따로 제공되었다면, 카마아게우동은 찍어 먹는 국물(츠유)도 있지만 면 자체도 국물에 담겨서 나와요. 큰 솥에 면을 삶은 뒤 그 물을 버리지 않고 그대로 담아내기 때문인데요, 부드러우면서 쫀득쫀득한 식감이 특징이랍니다. 카마아게우동에 날달걀을 얹은 '카마타마우동 釜玉うどん'은 우동 왕국 가가와현에서도 인기가 많은 우동입니다. 타마고카케고항(34p)의 우동 버전이랄까요. 토핑은 자른 파뿐인 아주 심플한 우동인데 그래서 오히려 우동 본래의 풍미를 즐길 수 있습니다.

면 자체가 국물에 담겨 나오는 카마아게우동

줄이 긴 카마타마우동 맛집 '마루카 丸香'

menu
우동의 뜨거운 맛

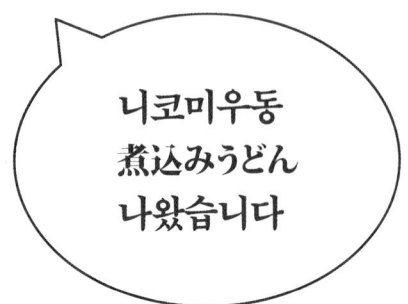

니코미우동은 직역하면 '조린 우동'입니다. 우동 면, 국물, 채소 등의 토핑을 함께 끓여낸 우동이에요. 보통 1인용 냄비에 조리해서 그대로 매우 뜨겁게 나오죠(화상을 조심하세요!). 면을 국물과 함께 끓이기 때문에 국물 맛이 면에 잘 배어들어 있고, 식감은 더 부드러워요.

특히 나고야 名古屋 지역의 향토 요리인 '미소니코미우동 味噌煮込みうどん(된장 조림 우동)'이 유명하고, 전국적으로는 '나베야키우동 鍋焼きうどん'이라고 해서 표고버섯, 어묵, 당근, 텐푸라 등을 넣고 푹 끓인 니코미우동도 잘 알려져 있어요. 나베야키우동은 워낙 뜨거운 상태에서 먹는 음식이다 보니, 일본인들은 더울 때 뜨거운 음식을 먹는 것을 "사막에서 나베야키우동을 먹는 것처럼"이라고 표현하기도 합니다. 그만큼 일본에서 가장 뜨거운 음식 하면 나베야키우동이라는 이미지가 있어요.

기타 우동 종류

지금까지 각 지방의 명물 우동과 다양한 스타일의 우동을 살펴보았는데요, 아쉽게 소개 못 한 우동들을 간단하게 알려드릴까 해요.

☞ **카레우동** カレーうどん

말 그대로 카레베이스 국물에 면을 넣은 우동. 카레는 우동 츠유를 섞어서 만들기 때문에 간장이나 다시(가츠오부시, 멸치 맛)의 풍미도 느껴져서 일본다우면서도 새로운 맛이 탄생해요.

☞ **치카라우동** 力うどん

떡을 얹은 우동. 쫄깃쫄깃한 떡이 우동 국물을 머금으면서 먹을수록 점점 더 맛있어져요.

☞ **야키우동** 焼きうどん

볶음 우동. 야키소바처럼 고기나 채소와 같이 우동 면을 볶아서 만들어요.

나고야식 미소니코미우동을 도쿄역 지하 상가에서 맛볼 수 있는 '타마초 본점 玉丁本店'

카레우동이 소문난 도쿄 우동 맛집 '콘피라차야 こんぴら茶屋'

nemo's dessert
도라에몽도 좋아해

도라야키
どら焼き

도라야키는 카스테라 같이 푹신푹신한 반죽을 둥글납작하게 두 장 굽고, 그 사이에 팥소를 넣은 와가시입니다. 가운데가 살짝 부풀어 오른 동그라미 모양인데, 중국 타악기 중 하나인 동라銅鑼를 닮았다고 해서 도라야키라고 부르게 되었다는 설이 있어요.

혹시 도라야키를 TV에서 본 적 있지 않나요? 도라야키는 일본의 국민 애니메이션인 〈도라에몽ドラえもん〉의 주인공 도라에몽이 사랑하는 간식으로 자주 등장해요. 도라에몽 원작자가 도라야키를 너무 좋아해서 작품에서도 그리기 시작했다고 합니다.

일본 디저트의 유행, 나마도라 生どら
일본의 디저트 시장은 기존에 있던 디저트를 '나마生'로 만드는 것이 오래전부터 유행해왔습니다. '나마'라는 말은 엄밀하게 말하면 익히지 않은 '날 것'이라는 뜻이지만, '나마 디저트'는 좀 더 넓은 의미를 가지고 있어요. 익히지 않은 것처럼 부드럽고 크리미한 식감, 촉촉한 반죽, 생크림을 많

이 쓰는 것, 이런 특징이 있는 걸 나마 디저트라고 표현하죠. 시중에서 '나마초코生チョコ(생초콜릿)', '나마캬라메루生キャラメル(생캐러멜)', '나마푸린生プリン(생푸딩)' 등 다양한 나마 디저트를 맛볼 수 있어요.

그중 '나마도라生どら'는 기존의 도라야키에 생크림을 넣은 것인데요, 1980년대에 일본 동북지방 미야기宮城현에서 탄생했습니다. 생크림이 들어갔기 때문에 냉장고에 넣어두었다가 차게 먹는 것을 추천해요. 이후 일본 전국으로 퍼지면서 생크림 대신 커스터드 크림이나 초콜릿 크림 등 다양한 버전의 나마도라가 생겨났습니다.

개인적으로 일본 세븐일레븐에서 판매하는 나마도라를 너무 좋아합니다. 휘핑크림을 넣은 나마도라, 그리고 몽블랑 크림을 넣은 나마도라도 정말 맛있어요. 해마다 나마도라 속 크림 재료가 달라지기도 하고 업데이트되니 기회가 되면 세븐일레븐 나마도라에 꼭 도전해보세요. 어떤 맛이 기다리고 있을지 몰라요.

동글동글 도라야키

부드럽고 촉촉한 나마도라

table
no.6

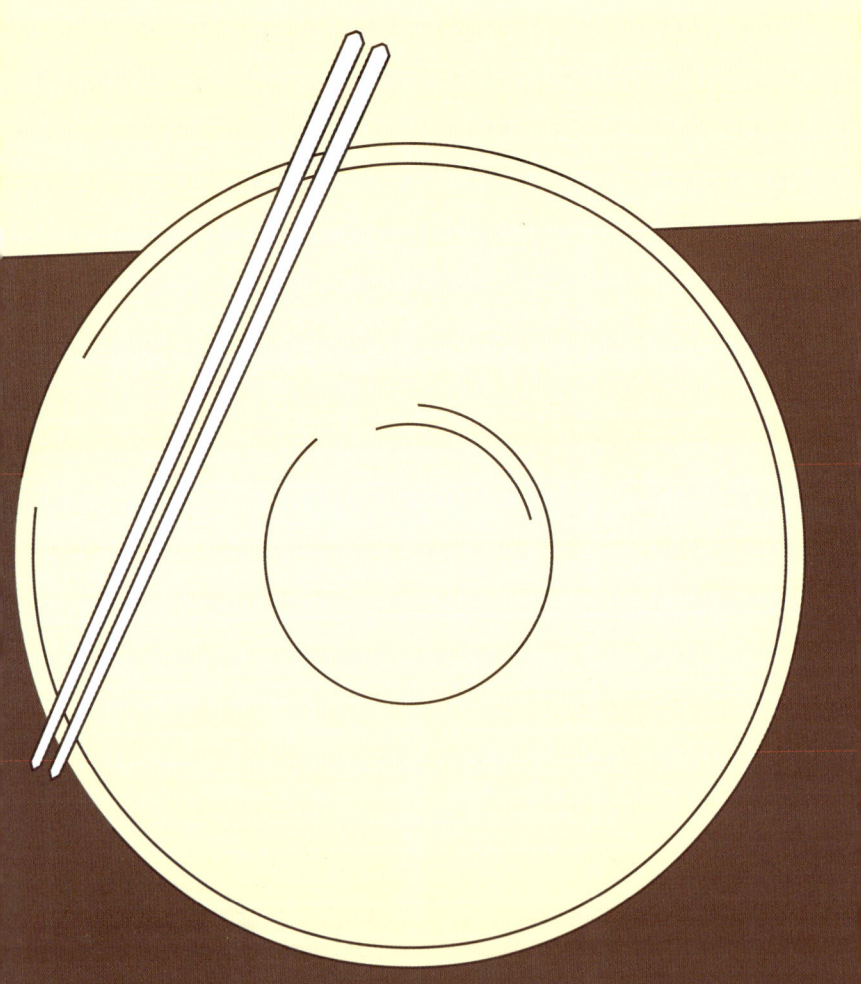

nemo's memo

옆 테이블 네모로부터

> 기타 면요리, 알고 먹으면 더 맛있어요!

지금까지 라멘, 소바, 우동 등 '일본 면요리의 주인공'들을 소개해보았는데요, 아직 소개하고 싶은 면요리가 정말 많아요. 면의 천국 일본에는 한국 분들에게 아직 전하지 못한 면요리의 사연과 비밀들이 있거든요. 소바가 아닌 소바, 우동이 아닌 우동, 이름은 같아도 한국과 전혀 다른 맛의 짬뽕, 그리고 '일본에서는 스파게티가 이런 맛이야?' 싶은 신기한 스파게티들까지! 외식으로 사 먹을 수 있는 것부터 집밥으로 해 먹을 수 있는 것까지 골고루 알려드릴게요.

저는 한국에서 짜장면을 한 번 접하고 나서부터는 한국에 갈 때마다 꼭 짜장면을 먹어요. 완전히 반해버렸거든요. 일본에서는 접할 수 없는 맛이라 늘 그리워할 수밖에 없는데요. 저에게 짜장면은 한국 여행을 생각하게 만드는 맛이랍니다.

이번 테이블에서는 제가 짜장면을 사랑하는 것처럼, 다음에 여러분이 일본 여행을 할 때 기대하며 기다리는 면요리가 생기기를 바라며 소개하겠습니다.

menu

눌어붙어도 맛있는

야키소바
焼きそば
나왔습니다

직역하면 '야키焼き'는 '볶다', '소바そば'는 '국수', 합쳐서 일본식 볶음면입니다. 이름에 '소바'가 들어가서 메밀국수라고 생각할 수도 있지만, 메밀 면이 아니라 중국식 면을 사용해요. 중국식 면에 양배추, 당근, 양파, 숙주나물 등 각종 채소와 돼지고기를 넣고 볶습니다. 파래김 가루와 초생강을 고명으로 얹어 먹고요. 맛은 우스터소스(각종 채소나 과일에 식초, 설탕, 식초, 향신료를 넣어 숙성시킨 새콤달콤한 소스) 맛이 기본이기 때문에 '소스야키소바ソース焼きそば'라고 부르기도 해요.

일본 마트나 편의점에 가면 야키소바용 면을 팔아요. 가격은 보통 100~300엔 정도, 봉지에 2~3인분의 면과 인스턴트 조미료가 들어 있습니다. 채소나 고기를 따로 사서 만들어야 하지만 비교적 싸고 간단하게 식당에서 파는 야키소바를 흉내낼 수 있죠. 야키소바는 고급 음식은 아니에요. 집에서 해 먹고, 축제나 행사가 있을 때 노점에서 파는 음식이기도 합니다. 슥슥 볶기만 하면 돼서 간편하게 팔기 좋거든요. 고속도로 휴게소 같은 곳에서 간식처럼 먹기도 하고요. 때문에 '야키소바 맛집'이라든가 야키소바를 주요 메뉴로 파는 가게는 많지 않았어요. 하지만 요즘 들어 일본 각 지방마다 새로운 향토 요리로 특색 있는 야키소바를 개발하기 시작했고, 그게 인기를 끌어 수도권에서도 각 지방을 대표하는 야키소바 전문점을 조금씩 찾아볼 수 있게 되었어요.

고탄다에서 볼륨 만점 소스야키소바를 파는 동네 중국집 '메이린梅林'

일본 '컵 야키소바 4강'

일본에서는 컵라면만큼 '컵 야키소바'도 인기가 많습니다. 생각보다 많은 종류가 있는데, 그중에서 특히 인기가 많은 BEST 4 상품을 소개할게요.

☞ **페양그** ペヤング

1975년 발매되어 일본 컵 야키소바의 원조라고 할 수 있는 페양그. 일본인은 '컵 야키소바'라고 하면 가장 먼저 페양그의 맛을 떠올립니다. 그리 진하지 않아서 계속 먹어도 질리지 않는 맛이에요. 아, 엄청 매운맛의 '게키카라 페양그'라는 종류도 있는데요, 현시점 일본에서 가장 매운 야키소바라며 도전하는 한국인 유튜버들도 많이 봤어요(불닭볶음면에 도전하듯요).

☞ **U.F.O.**

컵라면으로 유명한 식품 회사 닛신이 만든 컵 야키소바. 면이 굵고, 컵 야키소바치고는 큰 돼지고기, 그리고 양배추가 들어있는 게 특징입니다. 맛은 진한 편이에요.

☞ **잇페이짱** 一平ちゃん

면 자체에도 양념이 되어 있는 상품. '마요빔'이라는 컵 야키소바 전용 마요네즈가 같이 들어있습니다. 우선 마요네즈 없이 그대로 먹다가 중간에 마요네즈를 조금씩 뿌려서 먹고, 마지막에 마요네즈를 섞어 먹으면 색다르게 즐길 수 있어요.

곳츠모리 ごっつ盛り

배부르게 먹고 싶다면 이 상품을 추천해요. 130g의 푸짐한 중량에 탄력 있는 면발의 컵 야키소바입니다. 마요네즈가 동봉되어 있어 중간에 뿌려 먹으면 끝까지 질리지 않고 먹을 수 있어요.

이보다 더 간단할 수 없는 컵 야키소바

menu

상상 이상의 국물 맛

> 나가사키짬뽕
> 長崎ちゃんぽん
> 나왔습니다

나가사키짬뽕은 규슈 나가사키長崎현에서 시작된 요리예요. 원래 '짬뽕ちゃんぽん'이라는 말은 일본어로 '여러 가지 재료를 섞은 것'이라는 의미가 있어요. 나가사키짬뽕은 돼지고기나 채소, 해산물 등의 여러 재료들을 볶고 거기에 돼지뼈와 닭으로 만든 육수를 넣어 끓인 면요리입니다. 비주얼은 라멘과 비슷해 보여요. 참고로 일본에서는 '나가사키에서 제조된 소금물'로 만든 짬뽕 면만 나가사키짬뽕이라는 호칭을 붙일 수 있다는 엄격한 규정이 있답니다.

나가사키짬뽕이 맵지 않아서 실망할 수 있어요

나가사키짬뽕은 여러분에게도 조금 익숙하죠? 저도 한국에 살 때 몇 번 먹어봤는데요, 한국과 일본에서 파는 나가사키짬뽕에는 차이가 있어요. 예전에 제가 SNS에 나가사키짬뽕을 먹은 포스팅을 올렸을 때, 어느 한국인 팔로워 님이 "일본에서 나가사키짬뽕을 먹어봤는데 하나도 안 매워서 실망했어요"라는 댓글을 남기신 적이 있어요. 네, 맞아요. 일본의 나가사키짬뽕은 예상과 달리 맵지 않고 담백한 음식입니다. 깊은 해산물의 풍미도 느껴지고요. 한국의 나가사키짬뽕은 매콤하게 변형된 음식이라고 할 수 있어요. 일본의 나가사키 짬뽕은 순한 맛에 가까우니 혹시 일본 여행하시다 드시게 된다면 참고해주세요.

모든 나가사키 짬뽕은 이곳에서 시작되었다.
나가사키 짬뽕 원조집 '시카이로 四海樓'

나가사키에서 제조된 짬뽕 면

menu
**나가사키의
또 다른 명물**

사라우동
皿うどん
나왔습니다

나가사키를 대표하는 음식이라고 하면 보통 나가사키짬뽕부터 떠오르지만, 또 하나 아주 맛있는 면요리가 있습니다. 바로 '사라우동'이에요. 혹시 들어보셨나요? 우동이라고 부르지만, 짬뽕 면으로 만들기 때문에 여러분이 생각하는 우동과는 다르답니다. 면발이 굵고 우동처럼 생겨서 우동이라는 이름이 붙은 것 같아요.

사라우동은 쉽게 말해 국물 없는 나가사키짬뽕입니다. 나가사키의 한 중국집이 개발한 메뉴인데요, 짬뽕을 간단하게 배달할 수 있도록 국물을 빼고 만든 것이 시초라고 해요. 맛은 짬뽕과 비슷한데 해산물이나 채소를 흐물흐물하게 볶은 '앙あん'이 면 위에 얹어져 있는 게 특징이죠. 앙은 탕수육에 붓는 소스처럼 녹말을 넣어 걸쭉하게 만든 소스예요. 중국요리에서 많이 볼 수 있답니다.

원래 사라우동은 나가사키짬뽕에서 국물만 뺀 요리였기 때문에 면도 굵고 탱탱한, 짬뽕에 쓰는 면을 사용했는데요. 나중에는 가는 면을 튀겨서 만든 사라우동도 나왔습니다. 제가 사는 도쿄에서는 오히려 가는 면 쪽이 더 알려져 있어요. 마트에서 파는 것도 그렇고, 제가 초등학생 때 학교 급식으로 자주 나왔던 사라우동도 가는 면이었던 걸로 기억해요. 어떤 가게에서는 사라우동을 주문할 때 부드럽고 굵은 면인 '야와멘柔麵'과 바삭하게 튀겨낸 가는 면인 '카타멘硬麵' 중 하나를 선택할 수도 있어요. 취향에 맞는 면을 선택하면 더 맛있는 사라우동을 맛볼 수 있을 거예요.

참고로 나가사키 현지인은 사라우동에 우스터소스를 뿌려서 먹는다고 해요. 이건 나가사키 사람이 아니라면 설마설마하는 레시피이긴 한데요. 나가사키에서 도전해본 결과, 음… 나쁘지는 않았습니다. 개인적으로는 식초에 뿌려 먹는 게 낫지 않을까 싶기도 한데, 맛이 궁금한 분은 한번 도전해보세요!

호물호물 앙 소스를 얹은 사라우동

바삭하게 튀겨낸 카타멘으로 만든 사라우동

menu

얇은 면을 호로록

소멘 素麺
나왔습니다

우동처럼 밀가루로 만든 면요리예요. 건면 상태로 유통하고, 여름에 차갑게 해서 먹는 경우가 많기 때문에 소멘 하면 시원한 여름이 자연스레 떠올라요. 희고 얇은 면으로는 소멘 말고도 '히야무기冷や麦'라는 면 종류도 있어요. 히야무기면은 지름 1.3~1.7mm 정도, 소멘은 지름 1.3mm 이하로 분류되어 있으니, 소멘이 훨씬 가늘죠.

소멘은 면을 삶은 뒤 찬물로 차갑게 씻고 건져내 츠유에 찍어 먹습니다. 츠유는 소바처럼 간장베이스이고, 고명으로 자른 파, 생강, 참깨, 등을 넣어서 만들어요. 가정식이라서 외식으로 먹을 수 있는 데는 적지만, 요즘은 독창적인 소멘 요리를 파는 전문점도 나오는 추세입니다.

혹시 일본 애니메이션이나 영화에서 '나가시소멘 流しそうめん'을 보신 분도 계시나요? 긴 대나무 통을 반으로 자르고 물을 담은 뒤 그 위에 소멘을 띄워 젓가락으로 흐르는 소멘을 건져 먹는 음식이에요. 여름 축제나 소풍 등 행사에서 먹는 것이라 외국인 입장에서는 경험하기 좀 어렵지만, 먹는 재미가 있는 특별한 소멘이랍니다.

소멘의 새로운 먹는 방법을 연구하는
소멘 전문점 '소소소 そそそ'

menu

이런 면도 있다!

혹시 오키나와沖縄에 가게 된다면 향토 요리 소키소바를 꼭 드셔보세요! 일본의 따뜻한 남쪽 섬 오키나와는 지역 특색이 강한 음식이 많은데요(마치 제주도처럼요), 그중 제일 먼저 생각나는 소키소바를 추천드려요.

'소키ソーキ'는 오키나와의 사투리로, '등갈비'를 뜻해요. 소바라고 부르지만 면은 밀가루 100%로 만들기 때문에 우동에 가깝고요. 밀가루 면을 쓴다는 점에선 한국의 칼국수와도 비슷한 것 같네요. 일본에서는 등갈비를 얹은 소키소바가 전국적으로 유명한데, 만약 등갈비가 없으면 그냥 '오키나와소바沖縄そば', 등갈비 대신 삼겹살 조림을 얹으면 '산마이니쿠소바三枚肉そば'라고 부릅니다.

오키나와는 돼지고기를 많이 먹는 지역으로 유명해요. 소키소바의 육수 또한 돼지고기를 끓인 뒤 가다랑어 육수를 섞은 것이 대부분이랍니다. 소키소바는 오키나와의 명물이기 때문에 꼭 전문점이 아니더라도 오키나와의 어떤 식당에서나 흔히 판매해요. 오키나와 여행을 꿈꾸고 있다면 현지인들 사이에서 소키소바 한 그릇을 먹어보는 건 어떨까요.

오키나와 여행에 자동차를 가져간다면
추천하고 싶은 소키소바 맛집
'얀바루소바 山原そば'

menu

추억을 불러일으키는 맛

> 나폴리탄
> ナポリタン
> 나왔습니다

스파게티는 한국 사람들도 좋아하는 음식이죠. 나폴리탄은 토마토케첩으로 만든 소스에 양파와 버섯, 피망, 소시지를 곁들인 스파게티에요. 일본에서는 조금 오래된 느낌의 카페에서 나오는 메뉴로도 알려져 있어요. 한국의 경양식집 같은 느낌이랄까요. 옛 추억이 떠오르는 맛이라고도 할 수 있겠네요.

재밌는 건, 나폴리탄은 이탈리아 항구 도시 나폴리에는 없는 스파게티예요. 이름 때문에 정통 나폴리 음식일 것이라 생각할 수도 있지만, 사실 나폴리탄은 일본 요코하마^{横濱} 지역의 어느 호텔 셰프가 만든 스파게티랍니다. 어디까지나 이탈리아풍, 나폴리풍 이미지를 떠올리며 만든 메뉴였는데, 이제는 많은 일본인에게 사랑을 받는 스파게티로 등극했어요. 워낙 재료가 간단하다 보니 가정식으로도 자주 해 먹기도 해요. 일본인들에게 파스타보다 훨씬 가깝게 느껴지는 나폴리탄, 만드는 법은 간단하지만 먹는 순간 바로 추억을 소환하는 음식입니다.

나카메구로 中目黒 지역 맛집 '세키야 스파게티 関谷スパゲティ'의 나폴리탄. 자꾸 생각나는 맛이에요.

menu

**타라코와 스파게티는
좋은 파트너**

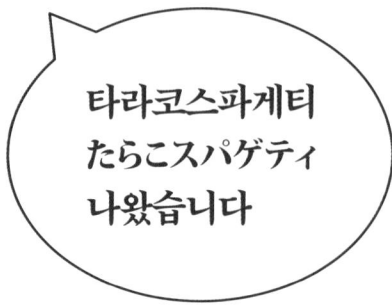

타라코는 대구알을 소금에 절인 음식이에요. 일본 여행을 오면 멘타이코めんたいこ(59p)를 사가는 한국인이 많은데, 사실 일본에서는 멘타이코만큼이나 타라코를 많이 먹어요. 요리할 때도 타라코를 많이 쓰고요. 오니기리(36p)에 넣는 재료로도 인기가 많답니다.

타라코스파게티는 일본에서 스파게티의 기본 장르라고 해도 과언이 아니에요. 일본인 취향에 딱 맞는 음식이라 스파게티집에 가면 기본 메뉴에 항상 있죠. 마트의 스파게티 코너에 가면 즉석식품으로 타라코스파게티 소스만 팔기도 하니까 기념품으로 멘타이코를 사실 때 하나 같이 구매해보는 것도 좋을 것 같아요.

유명 체인점인 '요멘야 고에몬 洋麵屋五右衛門'에서도 타라코스파게티가 인기 메뉴입니다. 그런데 몇 년 전 서울 홍대에 진출한 고에몬 분점에는 멘타이코스파게티는 있는데 타라코스파게티는 없는 것 같더라고요. 혹시 타라코스파게티 맛이 궁금하면 일본에서 도전해보시면 좋을 것 같아요. 혹은 만들어 먹거나요.

만드는 법은 아주 간단해요. 삶은 스파게티 면에 타라코를 풀고, 버터, 소금, 후추 등과 같이 버무린 뒤 자른 김을 뿌려 먹습니다. 크림이나 치즈, 마요네즈를 넣어 부드럽게 만들기도 해요.

일본 '요멘야 고에몬 洋麵屋五右衛門'에서 파는 타라코스파게티

마트에서 파는 타라코스파게티 소스와 멘타이코스파게티 소스

일본인은 마요네즈를 사랑해요

마요네즈 얘기가 나와서 말인데, 일본인은 정말 마요네즈를 좋아하는 것 같아요. 스스로 마요네즈 중독자라고 일컫는 사람이 적지 않고, '마요네즈를 사랑하는 사람'이라는 뜻을 가진 신조어 '마요라 マヨラー'를 공언하는 유명인도 있습니다. 대표적인 마요라는 일본의 국민 아이돌인 SMAP의 카토리 싱고 香取慎吾 죠. 그는 노래 부를 때도 마요네즈 사랑을 어필하는 퍼포먼스를 하고, 심지어 항상 가방에 마요네즈를 넣고 외출한다고 해요. 실은 저도 카토리 싱고처럼 마요네즈를 미치게 좋아했던 시기가 있었어요. 이제는 건강 관리를 위해 과하게 마요네즈를 먹는 것은 그만뒀지만, 마요네즈 맛은 여전히 좋아합니다.

그나저나 마요네즈를 좋아하는 일본인이 왜 그렇게 많을까요? 그건 바로 맛있는 마요네즈가 많기 때문인 것 같아요. 저는 한국에 살 때 한국 음식을 너무 좋아해서 먹는 것에 불편은 없었지만, 유일하게 아쉬웠던 게 바로 마요네즈였습니다. 일본 마요네즈의 특징은 다른 나라보다 달걀노른자 양이 많다는 거에요. 일반적으로 다른 나라의 두 배 정도 쓰인다고 합니다. 그리고 마요네즈를 만들 때 아주 중요한 것 중 하나가 바로 식초인데요. 그 식초를 만드는 기술이 발달해서 마요네즈가 더욱 맛있어졌다고도 하더라고요.

일본인들은 마요네즈를 샐러드에 넣어 먹는 것뿐만 아니라, 그냥 채소를 찍어 먹기도 해요. 쌈장에 오이나 고추를 찍어 먹는 것처럼요. 특히 브로콜리, 토마토, 아스파라거스에 찍어 먹으면 정말 맛있습니다. 뿐만 아니라 고로케, 함바그, 교자… 뭐든 마요네즈에 찍어버려요. 마요네즈가 맛있으면 뭘 먹어도 맛있거든요. '츠나마요ツナマヨ(참치 마요네즈)는 오니기리의 기본 토핑으로 아주 인기가 많고, '멘타이마요明太マヨ(명란젓 마요네즈)'는 후쿠오카에서 한국 관광객들에게 대박이 난 상품이죠. 토마토케첩과 마요네즈를 섞어서 만든 소스도 맛있고, 낫토와 마요네즈를 함께 먹어도 맛있어요. 너무 마요네즈 찬양만 한 것 같지만 진심이랍니다. 일본에 오시면 한번 마요네즈와, 마요네즈를 활용한 음식들을 드셔 보시길 추천해요.

네모가 추천하는 아지노모토味の素사의 마요네즈

menu

자취생 필수 요리

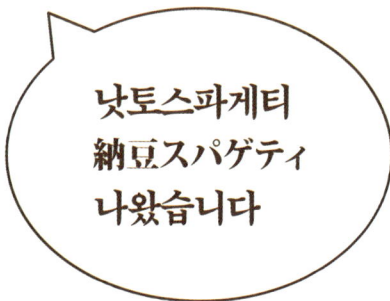

낫토스파게티
納豆スパゲティ
나왔습니다

오늘은 낫토(28p)가 들어간 스파게티 어떠세요? 일본인은 밥 뿐만 아니라 다른 요리에도 종종 낫토를 곁들여 먹습니다. 카레, 토스트, 소바, 우동, 그리고 심지어 스파게티와도요! 낫토는 호불호가 갈리는 음식이지만 낫토를 좋아하는 사람은 각종 스파게티에 낫토를 얹어 먹는데요, 편의점에서 좋아하는 스파게티를 사온 다음 그냥 낫토를 얹어 먹기만 해도 맛있다고 해요.

아, 낫토스파게티는 이탈리안 레스토랑에 있는 메뉴는 아니에요. 혹시 식당에 가서 주문하려고 하면 메뉴판 어디에도 보이지 않아 안타까울 수 있습니다. 낫토스파게티는 어디까지나 일본인들이 집에서 직접 해 먹는 음식이거든요.

저도 집에서 간편하고 맛있는 한 끼 식사를 하고 싶을 때, 낫토스파게티를 가장 먼저 떠올려요. 레시피는 아주 간단합니다. 지금 만약, '한번 만들어볼까?'라고 생각하셨다면 삶은 스파게티면에 버터를 섞고, 아보카도와 김 등 좋아하는 토핑과 같이 낫토를 얹어서 드셔보세요. 달걀노른자와 오쿠라도 끈적끈적한 낫토의 식감과 잘 어울립니다. 아, 앞에서 소개한 타라코스파게티에 낫토를 얹어 먹어도 맛있어요. 이처럼 낫토스파게티는 무궁무진한 가능성의 맛을 품고 있답니다.

낫토 스파게티는 무엇을 올려 먹어도 맛있다!

nemo's dessert

디저트 계 반전매력

오하기
おはぎ

팥을 사용한 와가시는 너무나 많지만, 대부분 속 재료(팥소)로 사용하는 편입니다. 그런데 지금 소개하는 오하기는 반대로 찹쌀 소를 팥으로 감싼 와가시예요. 찹쌀의 식감을 살려 완전히 으깨지 않고 소를 만들어요. 신기하게 생겼죠?

맛은 와가시기 때문에 당연히 달콤하지만, 소금을 살짝 넣는 경우도 있어요. 소금을 넣으면 단맛이 더욱 강하게 느껴지거든요. 일본에서는 이걸 '대비효과 対比効果'라고 하는데요. 일본요리에서 종종 쓰는 조리법이에요(참고로 일본에서는 수박에 소금을 뿌려 먹기도 하는데, 정말 더 달게 느껴져요!).

오하기는 춘분과 추분, 그리고 오봉 お盆(양력 8월 중순에 지내는 일본 한가위) 때 조상께 공물로 드리는 음식이에요. 일상 간식으로 일 년 내내 마트에서 팔기도 하지만, 오봉이 있는 8월부터 추분이 있는 9월 사이에는 특히 자주 볼 수 있어요.

오하기? 보타모치? 무엇이 다를까요

일본인 중에는 오하기를 '보타모치 ぼたもち'라고 부르는 사람도 있습니다. 춘분과 추분에 먹는 계절 와가시인 만큼, 원래는 봄에 먹는 걸 보타모치, 가을에 먹는 걸 오하기라고 계절에 따라 구분해서 부르기도 하였어요. 이름도 각각 가을 꽃인 '하기萩(싸리나무꽃)', 봄꽃인 '보탄牡丹(모란)'에서 따왔고요.

또한, 사용하는 팥 종류에 따라 호칭이 달라지기도 합니다. 오하기는 츠부앙(통팥), 보타모치 코시앙(으깬 팥)으로 구별하는 지역도 있거든요. 하지만, 엄밀하게 호칭을 구별해서 부르는 일본인은 많지 않고, 도쿄 사람인 저 같은 경우는 어느 계절에 먹든 어느 팥을 사용하든 통상적으로 다 오하기라고 부르고 있어요.

안에 들어 있는 찹쌀은 떡과 밥의
중간 같은 식감입니다.

앞에서부터 팥 맛(기본), 인절미 맛,
검은깨 맛

table
no.7

魚料理

생선 요리로
만나는 바다

nemo's memo

옆 테이블 네모로부터

> 생선 요리,
> 알고 먹으면
> 더 맛있어요!

사방이 바다로 둘러싸인 일본. 당연한 이야기지만 생선 요리가 발달했어요. 일본은 원래 역사적으로 육류를 잘 안 먹는 나라였습니다. 6세기에 불교가 들어온 후, '육식 금지령'이 발령되었거든요. 서양 문물이 들어오기 시작한 1800년대 중반 전까지는 불교의 영향으로 고기를 잘 먹지 않았다고 해요. 그러니 생선은 일본인들이 단백질을 섭취하기 위한 정말 중요한 음식이었던 거죠. 스시를 비롯해 생선 먹는 법이 다양하게 발달한 건 그런 역사적 배경 때문이 아닐까 싶어요. 요즘에는 식생활이 다양해지고 고기 소비량이 늘어나 생선을 먹는 사람이 많이 줄어들었다고는 해요. 그래도 생선이 일식 밥상의 기본 메뉴라는 것은 변함없는 사실이랍니다. 이번 테이블에서는 일본의 생선 요리들을 맛볼 예정입니다.

일본에서 맛있는 생선을 먹고 싶다면

일본인에게 "생선이 맛있는 지역은 어디라고 생각하나요?"라는 설문조사를 한 결과, 압도적인 1위는 역시 홋카이도北海道였습니다. 그런데 사실 홋카이도는 생선보다 게, 오징어, 성게 등 다른 해산물이 더 맛있는 지역이에요. 일본의 북쪽 끝에 위치하고 바다에 한류가 흘러, 갑각류 종류의 해산물이 잘 잡히거든요. 만약 스시 같은 날생선이 먹고 싶다면, 개인적으로 후쿠오카福岡가 좋다고 생각해요. 남쪽에 위치하고 난류가 흘러오는 후쿠오카는 다양한 생선이 잡히고 맛도 뛰어나거든요. 그 외에 도야마富山나 이시카와石川현이 있는 '호쿠리쿠 지방北陸地方'도 생선을 좋아하는 사람이라면 꼭 가봐야 하는 곳이랍니다. 겨울에는 도야마현에서 '칸부리寒ブリ(대방어)'를 드셔보세요. 도쿄에서 가기 쉬운 시즈오카静岡현에도 괜찮은 항구가 많고, 혹시 참치를 좋아하면 아오모리青森현의 고급 브랜드 참치인 '오오마 마구로大間マグロ'도 추천드려요.

꼭 수산시장에 갈 필요는 없어요

생선은 잡힌 곳에서 바로 먹어야 신선하고 맛있다고들 하지만, 생선을 유통하는 기술이 발달하며 일본 내륙에서도 충분히 맛있는 생선을 먹을 수 있게 되었어요. 일본 여행을 하는 분들께 제가 개인적으로 말씀드리고 싶은 것은 꼭 수산시장이나 항구까지 가지 않아도 맛있는 생선을 먹을 수 있다는 거예요. 물론 분위기까지 맛보고 싶다면 말리지 않겠지만, 소위 '바가지 요금'에는 주의해야 해요.

서울에 노량진 수산시장이 있다면 도쿄에는 '츠키지 어시장築地市場'이 있어요. 하지만 서울 사람이 생선 먹자고 노량진까지 잘 안 가듯, 도쿄 사람은 츠키지에 잘 안 간답니다. 그럼 어디서 맛있는 생선을 먹느냐고 물어보신다면, 생선을 사랑하는 제가 인스타그램 피드에서 도쿄의 생선 맛집을 많이 소개하고 있으니 그쪽을 참고해주세요.

※2018년 츠키지 어시장은 남쪽으로 3km 떨어진 '도요스시장豊洲市場'으로 이전했습니다. 현재 그 자리에는 '장내시장場內市場(참치 경매가 이루어지던 도매시장)'은 없어지고 '장외시장場外市場(관광객 대상 소매시장)'만 남았습니다. 한국 예능 프로그램 〈스트리트 푸드 파이터〉에서 백종원 님이 소개한 '키츠네야きつねや' 등 맛집들은 여전히 영업하고 있습니다.

생선 먹는 방법을 모르는 일본인이 늘어나고 있대요

저희 할아버지는 도쿄의 관문이라고 할 수 있는 항구, 도쿄항東京湾에서 어부로 일하셨어요. 그 덕분에 저는 정말 신선한 생선을 먹고 자랄 수 있었답니다. 도쿄항에서 잡힌 갈치는 구워 먹으면 정말 맛있었어요. 제 추억의 맛이죠. 갈치는 가시가 커서 어린아이가 먹기에는 좀 위험한 편이지만, 어렸을 때부터 생선에 단련된 저는 아주 깨끗하게 발라먹는 법을 스스로 터득했답니다. 큰 가시와 꼬리 빼고는 생선에서 아무것도 남기지 않는 법을요! 그 모습을 보고 가족들도 놀라고, 학창시절에는 친구들도 어찌나 감탄하던지요.

아이들에게 생선 먹는 방법을 가르쳐줄 부모가 줄어들면서 생선을 잘 먹는 사람도 감소하는 추세라고 해요. 먹기 귀찮다고 안 먹는 경우도 많아서 요즘 학교 급식에서는 가시를 발라낸 상태로 생선을 준다고 들었어요. 아무래도 생선 잘 먹는 방법을 아는 사람이 줄어든다는 것은 좀 아쉬운 일이네요. 생선에서 가장 맛있는 부위는 뼈나 내장, 머리 안쪽에 숨어 있는 살인 경우도 많은데 말이에요. 여러분은 생선을 어떻게 드시나요?

동네 슈퍼 생선 코너

건어물도 다양하게 준비되어 있다!

menu

**집에서도 밖에서도
언제나 맛있게**

야키자카나는 생선구이예요. 일반적인 일본 가정의 부엌에는 생선구이 전용 그릴이 있어요. 생선구이를 워낙 자주 먹기 때문에 가스레인지에 아예 붙어 나온답니다. 어쩌면 가스레인지에 붙어 있어서 생선구이를 자주 먹는 것일지도 모르겠네요. 요즘엔 아침 식사를 안 먹거나 간단하게 때우는 사람도 많지만, 원래 아침 식탁의 주인공은 생선구이였어요. 아, 일본 여행 때 온천 여관에서 아침에 생선구이를 드셔보신 분들은 일본인이 얼마나 아침부터 생선구이에 진심인지 이해하실 수도요!

한일 양국에서 먹는 생선구이 종류에 차이가 있다

일본에서 구이용으로 인기 많은 생선은 전갱이, 꽁치, 고등어, 연어 등이에요. 고등어는 한국에서도 구이로 많이 먹지만, 전갱이나 꽁치는 한국보다 일본에서 더 자주 먹는 것 같아요. 전갱이는 그냥 생물로 구워 먹기도 하지만 '히모노干物'라고 해서 '건어물'로 만들어 먹기도 해요. 정어리, 임연수, 금눈돔, 눈볼대 등 한국인에겐 다소 낯선 이름의 생선들도 일본에선 건어물로 자주 먹어요. 반건조한 임연수 구이는 이자카야 안줏거리로도 많이들 먹곤 해요.

꽁치는 제철을 맞는 가을에 드시면 좋아요. 꽁치를 일본 한자로 쓰면 '秋刀魚'로, 보시면 '가을 추秋'가 들어가 있어요. 옛날부터 꽁치는 일본에서 가을의 상징으로 불리고 있어요. 가격도 저렴해 서민의 밥상에서 빼놓을 수 없는 생선입니다 (보통 꽁치 한 마리가 100엔~200엔 정도 해요). 물론 꽁치는 식당에서 '꽁치구이 정식(산마테이쇼쿠, サンマ定食)'으로 먹을 수도 있으니, 일본에 가시면 꼭 맛있는 꽁치구이를 드셔보세요. 한국에서 먹는 맛과는 또 다른 맛일 거에요.

가정에서 구워 먹는 전갱이 히모노

그리고 꽁치구이

menu

이것이야말로 밥도둑

니자카나 煮魚
나왔습니다

생선구이가 나왔으면 생선조림도 빼놓을 수 없죠. 바로 니자카나입니다. 일본에서 조림으로 자주 먹는 생선은 방어, 도미, 은대구, 가자미 등이 있고, 주로 간장 베이스의 양념으로 조려냅니다. 고등어는 주로 된장으로 양념해요. '사바노미소니 サバの味噌煮'라고 해서 인기 있는 메뉴예요. 사바노미소니는 된장으로 진하게 조려 굉장히 짭짤한데요, 밥반찬으로 이만한 게 없답니다.

여러분이 좋아하는 고춧가루가 팍팍 들어간 매콤한 생선조림은 일본에서 볼 수 없습니다(저도 한국식 고등어조림을 엄청 좋아해요). 전갱이 등을 식초에 절인 뒤 잘게 자른 고추를 넣어 만드는 요리인 '난반즈케 南蛮漬け'가 있긴 하지만, 그것도 많이 매운 편은 아니에요.

한국에서 보통 고등어조림이나 갈치조림 등을 밑반찬이 아닌 주메뉴로 먹듯, 일본의 '니자카나'도 마찬가지예요. 일본 식당에서 '니자카나테이쇼쿠 煮魚定食', 즉 생선조림 정식은 기본 메뉴라고 할 수 있죠. 일본에서 생선조림을 드실 땐, 맵지 않고 짭조름한 색다른 맛을 즐겨보시길 바랄게요!

도쿄 에비스 恵比寿에 위치한 숨은
생선 맛집 '카도타 かどた'
런치 메뉴로 생선구이 정식, 그리고
고등어 된장 조림 정식이 일품입니다.

menu

**일본에서 생선가스가
먹고 싶을 때**

아지후라이
アジフライ
나왔습니다

SNS에서 "혹시 일본에는 생선가스가 없나요?"라는 질문을 종종 받습니다. 음… 없는 것은 아니지만, 자주 먹는 음식은 아닌 것 같아요. 한국과 마찬가지로 주로 대구와 같은 흰살 생선을 사용합니다. 깔끔하고 무난한 맛이라 도시락 반찬, 밥상 위 반찬으로도 먹곤 해요. 여기까지는 별 특색이 없죠. 그런데, 한국에서 볼 수 없는 특별한 생선가스도 있습니다. 바로 '아지후라이'예요.

전갱이는 일본에서 아주 대중적인 생선입니다. 구이나 반건조 말고도 튀김으로도 자주 먹어요. 전갱이를 일본어로 '아지アジ'라고 하는데요, 아지를 '후라이フライ', 즉 튀겼기 때문에 '아지후라이'라고 부릅니다. 한국어로 하면 '전갱이 튀김'이죠. 일본에서는 일 년 내내 아지후라이를 먹어요. 그만큼 전국적으로 많은 사랑을 받는 음식입니다.

아지후라이는 꼬리를 자르지 않고 배만 반으로 가른 상태에서 튀겨요. 튀긴 뒤에 보면 모양이 삼각형인데, 어느 한국 친구가 일본에서 아지후라이를 보고 "대체 저 튀김이 뭐냐!?"고 놀라 물어보더라고요. 그만큼 비주얼이 신기합니다.

일본인들은 아지후라이를 마트 반찬 코너에서 사 와서 먹는 경우가 많아요. 마트에서 한 개에 100~150엔, 한화 1000~1500원 정도로 저렴하게 팔아서 부담 없이 먹을 수 있어요. 이자카야나 생선집에서 팔기도 하지만 외식 메뉴라기보다는 가정식에 가까워요. 간단하지만 차려 먹는 느낌을 내고 싶을 때 아지후라이만 한 반찬이 없답니다.

런치 한정 메뉴인 아지후라이 정식이
소문난 교바시 京橋 지역 맛집 '마츠와 松輪'

menu

부드러운 식감이 일품

사시미 刺身
나왔습니다

한일 양국에서 사랑 받고 있는 생선회. 일본에서는 사시미라고 해요. 한국의 생선회와 일본 사시미는 생선을 잡은 후 바로 먹느냐, 숙성시켜 먹느냐의 차이가 있어요. 한국은 생선을 잡자마자 바로 먹는 활어회가 가장 신선하고 맛있다고 생각하고, 일본은 시간을 두고 가볍게 숙성한 선어회를 선호한다고 해요. 부드러운 식감을 내기 위해서인데요. 일본인은 고기든 사시미든 부드러운 식감을 좋아하는 경향이 있거든요. 일본에 활어로 만든 요리가 적은 것은 그런 이유 때문이지 않을까 합니다.

일본인인 저는 한국에서 생선회를 먹을 때마다 '아, 이 쫄깃함은 역시 한국식이야'라고 느끼며 먹는데요, 반대로 여러분이 일본에서 사시미를 먹는다면 사르르 녹는 부드러움을 느낄 수 있을 것 같아요.

참고로 일본에서는 한국처럼 회가 생선 한 마리 통째로 나오는 경우가 거의 없어요. 그래서 일본인은 한국에서 회가 이렇게 풍성하게 나오는 걸 보면 정말 놀라곤 해요. 일본에서는 보통 사시미를 주문하면 양이 아주 적게 나오는 것이

일반적이에요. 몇 가지 사시미가 함께 나오는 '모리아와세 盛り合わせ(모둠 회)'로 주문하는 경우도 많죠.

사시미를 먹을 때 빼놓을 수 없는 것, 와사비죠유 わさび醬油

일본에서는 한국식 횟집이 아닌 이상 초장은 나오지 않아요. 회를 먹을 때는 '와사비죠유'에 찍어 먹습니다. 앞접시에 간장을 넣고 와사비를 조금 푼 것이죠.

그런데 요즘 와사비를 좋아하는 사람들이 정말 많아졌나 봐요. 일본 스시집에서 와사비를 별도로 더 달라고 하는 외국인이 많아졌다고 합니다. 일본 사람들은 보통 스시나 사시미를 먹을 때 와사비를 많이 먹지 않아요. 생선 본래의 맛을 해칠 수도 있다고 생각하기 때문입니다. 일본 음식에서 와사비는 '야쿠미 藥味'이기도 한데요. 야쿠미란 음식의 맛을 돋우거나 장식하는 고명 같은 재료들을 뜻하는 말이에요. 그러니 와사비는 어디까지나 주인공인 사시미의 맛을 돋보이게 하는 역할인 거죠. 어떻게 보면 일본 스시집에서 와사비를 별도로 많이 넣어 먹는 것은 매너가 없어 보일 수도 있으니, 적당한 양으로 먹는 것을 추천해요.

사시미를 조금씩 골고루 맛보고 싶다면 모리아와세!

생선 도매업체가 직접 운영하는 로컬 생선 맛집 '타카마루센교텐 タカマル鮮魚店'

menu

장인 정신으로 빚어낸
예술작품

드디어 스시가 나왔네요. 일본 음식과 스시는 떼려야 뗄 수가 없죠. 세계적으로 제일 잘 알려진 일본 음식이기도 하고요. 스시는 맛뿐만 아니라 만드는 과정까지도 예술이라고 생각해요. 장인이 스시를 만드는 동작을 보기만 해도 얼마나 흥미로운지요.

스시는 다른 이름으로 '니기리にぎり'라고도 불려요. 혹시 스시를 파는 가게라고 해서 들어갔는데, 스시라는 이름이 안 보인다면 니기리를 찾아보세요. 니기리, 어딘가 들어본 것 같지 않나요? 니기리는 앞에서 소개했던 '오니기리(36p)'에도 쓰인 단어인데요, '움켜쥠'이라는 뜻을 지니고 있어요. 스시를 만들 때 밥을 움켜쥐는 동작 때문에 그렇게 부르게 되었나 봐요.

스시집에 가면 회초밥이 아닌 다른 메뉴에도 '스시'란 말이 들어가기도 해요. 예를 들면 '치라시즈시(94p)'가 있습니다. 자칫 헷갈릴 수 있는 이름인데, '니기리'라고 쓰여 있는 메뉴판을 보면 조금 덜 헷갈리겠죠?

스시는 에도시대의 패스트푸드

여러분이 지금 알고 있는 밥 위에 생선을 얹은 스시는 에도시대 후반인 1800년대부터 본격적으로 먹기 시작했다고 합니다. 그전까지는 스시라고 하면 생선을 소금에 절인 후 밥과 함께 발효시킨 음식이었어요. 냉장고가 없던 시대에 고안해낸 저장 음식이었죠. 그러던 어느 날, 손님 눈앞에서 식초를 뿌린 초밥에 각종 생선회를 얹어서 바로 만들어줬더니 대박이 나버린 거예요.

원래부터 에도(도쿄의 옛 지명) 사람들은 생선회를 사랑하고 노점에서 생선회를 먹기도 했으니, 스시도 노점에서 먹는 음식으로 퍼져나갔다고 합니다. 그 당시의 '패스트푸드'라고 할 수 있지요. 이런 스타일의 스시를 '에도마에스시 江戶前寿司'라고 부르는데, 에도 앞바다의 항구(지금의 도쿄항)에서 잡은 생선으로 만든 스시라는 뜻입니다. 당시는 냉장 기술이 발달하지 못했기 때문에 에도와 가까운 항구에서 잡은 신선한 생선으로만 만들 수 있었던 음식이에요.

이제는 노점에서 스시를 파는 곳은 위생상 볼 수 없고, 회전초밥집이나 한국에서는 흔히 '다찌석'이라고 부르는 카운터석만 있는 고급스러운 스시집으로 가게 운영 형태가 정착했습니다. 서민들이 노점에서 가볍게 먹는 게 스시의 시작이라고 생각하면, 고급스러운 식당보다는 회전 초밥집이 에도시대 당시의 콘셉트와 더 가깝다고 할 수 있지 않을까 싶네요.

진정한 손맛이 느껴지는 스시

요즘에는 스시를 젓가락으로 먹는 경우도 많아졌지만, 원래 일본에서는 스시를 젓가락이 아니라 손으로 집어 먹었습니다. 물론 어떻게 먹을지는 자유이나, 일본에서는 스시를 좋아하는 사람은 손으로 먹는다는 이미지가 있어요. 손으로 먹는 이유는, 스시용 밥은 식감을 위해 밥알 사이사이 공기층이 형성되도록 장인이 손의 압력을 조절하며 만드는 경우가 많아서 젓가락을 쓰면 밥알이 스르륵 흩어질 수도 있기 때문이에요.

그리고 또 하나! 간장을 찍어 먹을 땐 스시를 뒤집어서 밥 말고 생선에 간장을 찍는 것이 더 맛있게 먹는 방법이라고 하는데요. 이 방법으로 먹을 때 젓가락은 조금 불편해요. 그래서 손으로 편히 먹는답니다. 저 또한 스시집에서는 손으로 먹어요. 일본에서 스시를 손으로 먹는 것은 전혀 이상한 일이 아니니까 한번 도전해보셔도 좋을 듯합니다.

세련된 분위기 느껴지는 고급 스시집.
눈앞에서 장인의 기술을 볼 수 있습니다.

역시 스시는 손으로 집어 먹는 것이
가장 맛있게 먹는 방법 아닐까요.

일본 스시의 기본 종류

☞ 마구로 マグロ : 참치

☞ 아카미 赤身 : 참치 붉은 살

☞ 츄토로 中トロ : 참치 중뱃살

☞ 오오토로 大トロ : 참치 대뱃살

※ 참치는 아카미 → 츄토로 → 오오토로로 갈수록 지방이 풍부하고 가격도 비싸요.

☞ 네기토로 ネギトロ : 참치의 뼈나 껍질에 붙은 살을 긁어낸 것

☞ 우니 うに : 성게알

☞ 이쿠라 イクラ : 연어알

☞ 카니미소 カニ味噌 : 게 내장

☞ 안키모 アン肝 : 아귀 간

☞ 아나고 アナゴ : 바닷장어

☞ 우나기 ウナギ : 민물장어

☞ 카츠오 カツオ : 가다랑어

☞ 사몬 サーモン : 연어

☞ 에비 エビ : (익힌)새우

☞ 아마에비 甘エビ : 단새우/꽃새우

☞ 보탄에비 ボタンエビ : 도화새우

※ 일본에서 새우는 종류마다 구분해서 불러요.

☞ 타코 タコ : 문어

☞ 이카 イカ : 오징어

☞ 호타테 ホタテ : 가리비

☞ 사바 サバ : 고등어

☞ 아지 アジ : 전갱이

☞ 산마 サンマ : 꽁치

☞ 사와라 サワラ : 삼치

☞ 부리 ブリ : 방어

※ 도쿄에서는 방어를 '하마치 ハマチ'라고 부를 때도 있고, 양식한 방어만 하마치라고 구분해서 부르기도 해요. 일본에서 방어는 생선의 크기나 지역에 따라 호칭이 아주 다양합니다.

☞ 타이 タイ : 도미

☞ 코하다 コハダ : 전어

스시집 영원한 인기 No.1 메뉴, 마구로 マグロ

일본인에게 참치, '마구로'는 항상 최고의 스시예요. 스시 하면 마구로, 마구로 하면 스시를 떠올릴 정도죠. 옛날부터 마구로는 일본인에 있어 축하하는 자리에서 먹는 좋은 음식이었어요. 일본의 가장 큰 명절인 새해 연휴 '오쇼가츠 お正月' 때는 마구로를 통째로 준비해 '마구로 해체 쇼'를 열어 참치회를 나눠주는 행사가 열립니다.

왼쪽에서부터 오오토로, 아카미, 츄토로

마구로는 보통 부위별로 구분해 부릅니다. 부위에 따라 맛도 가격도 많이 달라지는데요. 스시집에서 참치를 주문할 때 그냥 '마구로'라고만 주문하면 직원이 "어느 부위인가요?"하고 재차 확인할 수도 있답니다.

마구로는 크게 세 가지 부위로 나뉘어요. 기름기가 적은 붉은 살 '아카미 赤身', 기름기가 중간 정도인 중뱃살 '츄토로 中トロ', 기름기가 가장 많은 참치 대뱃살 '오오토로 大トロ'. 이 순서로 마블링이 좋아진다고 생각하면 됩니다. 이 중 일본에서 제일 고급스러운 부위는 오오토로인데요, '스시의 왕'이라고 불립니다. 특히 태평양에서 잡을 수 있는 고급 참치 품종인 '쿠로마구로 クロマグロ'의 오오토로는, 엄청 비싼 걸로 유명해요(일본인들이 쿠로마구로를 너무 많이 잡아서 현재는 멸종위기종이 되어버렸다고 해요).

참고로 서민들이 스시를 먹기 시작한 당시인 에도시대 때 마구로는 스시로 적당하지 않은 생선이었다고 합니다. 마구로는 잡은 순간부터 신선도가 바로 떨어지기 때문에, 스시로 먹으려면 기름기가 가장 적은 아카미 부위만 간장 양념에 절여서 먹어야 했대요. 기름기가 많은 뱃살 부위인 츄토로와 오오토로는 그냥 버릴 수밖에 없었던 거죠. 이 두 부위는 냉장 기술이 발전된 근래 50년 사이에 들어서야 먹을 수 있게 됐다고 합니다.

스시에서 와사비를 빼고 싶을 땐,
'사비누키 サビ抜き'를 기억해주세요

일본 스시집에서는 기본적으로 스시 안에 와사비가 들어있는 상태로 나와요. 한국도 그렇죠? 그런데 만약 스시는 좋아하는데 와사비는 잘 못 먹는다면 주문하실 때 와사비를 뺀 스시, '사비누키 サビ抜き'로 해달라고 말하면 돼요. 물론 회전 초밥집에서도 사비누키로 주문할 수 있습니다. 요즘에는 외국어 주문 용지가 준비된 가게도 있으니 이런 용지를 활용해 주문하는 것도 가능하겠죠.

스시집에서 쓰는 말을 알려드릴게요

'사비누키'처럼 스시집에서만 쓰는 은어가 있어요. 몇 가지 더 소개해드릴게요.

☞ 가리 ガリ : 식초에 절인 상큼한 맛의 생강. 스시를 먹을 때 곁들이면 좋아요. 보통 테이블 위에 놓여 있고 무료입니다.

☞ 치라시 ちらし : 카이센동을 가리키는 말이에요. 스시와 구별하기 위해 쓰이는 말이죠.

☞ 니기리 握り : 앞에서 살펴봤듯이, 스시를 가리키는 말이에요. 카이센동이나 사시미와 구별하기 위해 쓰기도 해요.

예) "마구로노 츄토로, 니기리데. まぐろの中トロ、握りで" 참치 부위는 중뱃살, 츄토로, 스시로 부탁드립니다.

☞ 아가리 あがり : 스시집에서 주는 차. 갓 우려낸 녹차 또는 말차입니다.

요즘 일본의 회전 초밥집은

일본 현지 회전 초밥집은 저렴한 가격을 내세우는 체인점과 고급 체인점으로 양극화되고 있어요. '스시로 スシロー', '캇파즈시 かっぱ寿司', '쿠라즈시 くら寿司' 등으로 대표되는 가성비 좋은 회전 초밥 체인점은 여전히 가족 단위 손님들이나 젊은 이들에게 인기가 많아요.

한편 고급 회전 초밥집도 몇 년 사이에 많이 늘어났습니다. '네무로 하나마루 根室はなまる'나 '토리톤 トリトン' 같은 홋카이도에 본점을 둔 체인점이 수도권에 진출해서 인기를 끌고 있어요. 지방의 특색이 살아 있는 회전 초밥집이 전국적으로 유행인 거죠. 예전보다 유통 경로가 잘 정비되어 있고, 수산물 배송 기술도 많이 발전했기 때문에 '산지 직송'을 어필하는 체인점이 성공할 수 있었던 것 같아요.

어떤 스타일이든 간에 가족이나 친구들과 가볍게 스시를 먹을 수 있다는 점이 회전 초밥집의 매력입니다(어쩌면 일반 스시집보다 가격이 더 나올지 몰라도요).

후쿠오카에서 틀림없는 스시를
먹을 수 있는 인기 회전 초밥집
'효탄노 카이텐즈시 ひょうたんの回転寿司'

nemo's dessert

바삭바삭 입에 감기는 맛

모나카도 앞서 소개한 디저트와 마찬가지로 단팥(앙코, あんこ)이 들어간 와가시예요. 찹쌀을 얇게 구워 만든 얇은 껍질 사이에 앙코를 넣어서 만들어요. 만쥬(68p)나 다이후쿠(100p)와 비교했을 때 껍질이 건조하고 바삭한 게 특징입니다. 마실 것 없이 모나카만 먹으면 모나카의 껍질이 입안에 달라붙어 불편할 수도 있어요. 그러니 녹차와 같이 먹는 것이 좋습니다. 일본에서 모나카는 차가시 茶菓子(녹차를 마실 때 곁들여 먹는 와가시)로 인기가 많습니다.

일본어로 모나카라는 이름은 한가위 보름달에서 온 말이라는 설이 있습니다. 그래서 보름달처럼 동그란 모양이 가장 많고, 이제는 네모나 세모 등 다른 형태도 많이 볼 수 있습니다.

모나카의 매력은 바삭한 식감입니다. 앙코가 너무 촉촉하면 껍질까지 눅눅해지기 때문에 모나카의 매력이 반감되죠. 그래서 모나카에 넣는 앙코에는 설탕을 많이 넣어 걸쭉하게 만들어 수분 함량을 낮춰요. 설탕 농도가 강해서 굉장히 달아요. 더 바삭한 식감을 내기 위해 껍질과 앙코를 따로 준비해두었다가 먹기 직전에 직접 만들어 먹는 모나카도 있습니다.

수분 함량을 낮춘 앙코가 들어간 모나카

바삭한 식감을 위해 껍질과 앙코가 따로 마련된 모나카

국화 모양으로 찍어낸 모나카도 유명해요.

모나카만 따로 판매하는 전문점은 그리 많지 않아요. 여러 와가시를 함께 판매하는 와가시집에서 볼 수 있는 경우가 많고, 마트나 편의점의 와가시 코너에서도 구입할 수 있어요. 료칸(일본 전통 숙소)이나 민박 등 숙박 시설에서 차와 함께 나오기도 해요.

시원하고 달콤한 아이스 모나카 アイス最中

서울의 어느 오래된 빵집에서 모나카에 아이스크림을 넣어서 파는데, 그것이 굉장히 유명하다고 들었어요. 일본에서도 '아이스 모나카(아이스크림을 넣은 모나카)'는 여름에 즐겨 먹는 디저트입니다. 특히 '모리나가 제과 森永製菓' 회사에서 만드는 '초코모나카잠보 チョコモナカジャンボ(초콜릿과 바닐라 아이스크림이 들어간 모나카)'는 오랫동안 정말 많은 사랑을 받고 있는 상품이에요. 여담이지만, 2021년 여름에 개최된 도쿄 올림픽 때 코로나19 때문에 외국인 기자들이 외식을 할 수 없게 되자, 편의점에서 여러 가지 상품을 사 먹었다고 하는데요. 이때 '야마자키 런치팩(빵의 가장자리를 없앤 100여 종의 샌드위치)', '타마고산도(계란 샌드위치)'와 초코모나카잠보가 '놀라운 일본 편의점 먹을거리'로 주목받았습니다. 일본 네티즌들은 "드디어 초코모나카잠보가 얼마나 맛있는지 외국인에게 들켰다!"는 반응을 보였습니다.

초콜릿 맛과 바닐라 맛을 동시에 잡은 '초코모나카잠보'.
모리나가 제과는 맛있는 초콜릿 아이스크림을 만드는 것으로
유명한 제과 회사입니다.

table
no.8

肉料理

고기 요리가
생각나는 날

nemo's memo

옆 테이블 네모로부터

> 고기 요리,
> 알고 먹으면
> 더 맛있어요!

앞서 생선 요리에서 이야기했듯, 일본에서는 고기를 먹는 문화가 오랫동안 자리잡지 못했습니다(6세기~18세기 중반까지!). 물론 불교의 영향이지, 일본인이 고기를 싫어해서 그런 건 아니었어요. 본격적으로 고기를 먹기 시작한 시기는 서양 문화가 들어온 메이지 시대(18세기 중반 이후)이고, 이때쯤 '스키야키(232p)'를 비롯한 다양한 일본 고기 요리가 탄생했습니다.

한반도에서 들어온 '육식 문화'도 일본에 큰 영향을 미쳤습니다. 예전에 제가 한국에 살 때 한국인 친구들 여러 명과 처음 식사를 했을 때가 떠오르는데, 그때 느꼈던 한국인의 이미지는 바로 '고기를 사랑하는 민족'이었습니다. 일본인 입장에서는 이렇게 고기에 진심인 한국인이 일본의 고기 요리를 어떻게 생각하고 있는지, 아주아주 궁금합니다. 여러분이 좋아하는 일본 고기 요리가 있나요? 무슨 메뉴인가요?

이번 테이블에서는 일본식 고기 요리를 한가득 준비했으니 눈으로 맛있게 즐겨주세요.

한국 고깃집은 돼지고기? 일본 고깃집은 소고기!

한국에서는 삼겹살을 자주 먹죠. 다른 고기에 비해 비교적 저렴한 편이어서 젊은 사람들도 편하게 먹고요. 삼겹살은 한국의 대표적인 고기 요리라고 해도 무방할 것 같아요(한국에 살 때 친구들이 가볍게 "고기 먹으러 가자!" 하는 모습을 보고 처음엔 많이 놀랐어요).

한편 일본에서는 어떨까요. 일본에는 고기구이라고 하면 '야키니쿠 焼き肉(228p)'가 있습니다. 지금은 한류 열풍으로 한국식 삼겹살을 함께 파는 곳이 늘어났다고는 하나 원래 야키니쿠집에서는 소고기만 팔았다고 해요. 그런데 소고기가 저렴한 음식은 아니라서 일본에서 고기를 구워 먹는다고 하면 뭔가 좋은 일이 있거나 특별한 날에 먹는 음식이라는 이미지가 있어요(혹시 한국에서 "오늘은 한우 먹자!" 할 때와 비슷한 느낌일까요?).

일본의 소고기 등급

특히 일본 소고기 품종인 '와규和牛'는 가격이 상당한데요, 그래도 그만한 가치가 있는 맛있는 고기라고 생각합니다. 일본의 소고기 등급은 마블링의 양, 색깔, 식감, 지방의 질 등을 기준으로 A~C(A가 최고), 1~5(5가 최고) 단계로 나뉘어 있어요. 이에 따르면 'A5'가 최고 단계인 거죠. 보편적으로 일본인은 마블링이 많고 부드러운 육질을 선호합니다(참치 같은 경우에도 마블링이 좋은 참치 대뱃살 부위가 가장 비싼 걸 보면 일본 식문화의 경향인 것 같아요). 돼지고기는 등급이 아예 없는 것은 아니지만, 공개하는 경우는 거의 없어요. 등급보다 '어떤 브랜드의 돼지고기인가'를 기준으로, 산지나 사육 방법 등을 따진답니다. 그런데 이런 등급은 '맛'의 기준과 그대로 비례하는 건 아니라서 필요 이상 신경 쓸 필요는 없다고 생각해요. 고기 취향은 개인차도 크고요.

A5 등급을 어필하는 가게도 많아요.

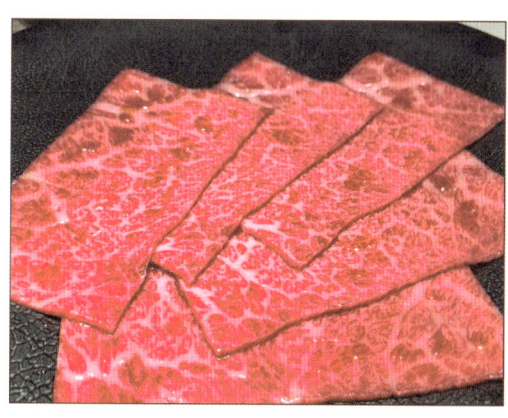

마블링이 예쁜 A5(최고 등급) 와규

menu

**한국에서 들어온
고마운 선물**

야키니쿠
焼き肉
나왔습니다

야키니쿠를 직역하면 '구운 고기'라는 말이에요. 일본식 고기구이로 생각되지만, 사실 일본 맛집 사이트나 미식 잡지에는 야키니쿠가 '한국 음식'으로 분류되어 있습니다. 일본에서는 '한국에서 들어온 음식'이라고 알려져 있거든요(그래서 그런지 일본인이 한국 여행 갈 때 가장 먹고 싶은 음식 중 하나가 야키니쿠랍니다). 야키니쿠는 긴 시간 동안 한국과 다른 스타일로 발전해 지금은 독자적인 메뉴로 정착했습니다. 한일간의 차이를 한번 살펴볼까요.

한 곳에서 여러 부위를 파는 일본 야키니쿠집
일본의 야키니쿠집은 갈비, 등심, 안심, 갈매기살 등 기본 부위를 모아서 파는 데가 많고, 곱창 등의 내장류까지 같이 팔아요. 우동집이면 우동만, 톤카츠집이면 톤카츠만 파는 식으로 보통은 전문성을 중시하는 가게가 많은 일본인데 야키니쿠는 좀 예외죠.

한국 고깃집과 공통점이라면 일본 야키니쿠집에도 식사 메뉴가 있다는 점이에요. 육개장, 갈비탕, 냉면 같은 한식류가 기본 식사 메뉴인데요. 맛은 굉장히 현지화되어 있어요(덜 맵게 만들죠). 한국에서 먹던 맛을 생각하고 방문하면 전혀 다른 음식이 나올 수도 있으니, 한국분들은 너무 큰 기대는 하지 않는 게 좋을 듯합니다. 하하.

한국은 쌈, 일본은 밥

고기를 어떻게 먹느냐에도 차이가 있어요. 한국 고깃집에 가면 갈비류를 제외하곤 보통 생고기로 나오죠. 일본은 전반적으로 고기에 양념을 해서 나오는 편이에요. 생고기처럼 보여도 이미 간을 한 상태거나, 아니면 부위에 맞는 양념을 발라 먹을 수 있도록 일본식 양념장 '타레タレ'가 함께 제공되기도 합니다. 아무래도 밥과 같이 먹는 걸 생각해서 타레를 주는 게 아닐까요.

일본 야키니쿠집에는 쌈 채소와 쌈장이 나오지 않습니다. 따로 주문하면 먹을 수도 있는데, 한국인 입장에서는 '왜 상추를 돈 주고 먹어야 하지?' 의아하게 생각하실 수도 있어

야키니쿠도 '밥 중심주의'.
일본에서는 이렇게 먹어요.

모둠으로 맛보는 야키니쿠

요. 그럼 일본에서는 어떻게 먹느냐면, 타레에 찍어서 고기만 먹거나 공깃밥에 얹어 먹어요. 특히 젊은 사람들은 야키니쿠만 있으면 밥을 얼마든지 더 먹을 수 있다고 할 정도로 고기와 밥 조합을 사랑합니다. 이렇게 야키니쿠를 밥반찬으로 생각하기 때문에 한국처럼 마무리로 밥을 볶아 먹는 경우는 거의 없습니다. 마무리로 냉면을 시키는 건 일본에서도 흔한 일이지만요. 한국의 쌈 문화는 고기를 먹으면서 채소도 많이 섭취할 수 있어서 아주 합리적이라고 생각하는데, 역시 일본은 고기를 먹을 때도 '밥 중심주의'가 드러나나 봐요.

야키니쿠는 자를 필요가 없어요

또 하나의 차이는, 일본에서는 고기가 한입 사이즈로 이미 잘려서 나온다는 거예요. 그래서 일본인이 한국 고깃집에 가면, 고기를 어떻게 잘라야 할지 몰라서 당황하기도 합니다. 저도 한국에 살게 된 지 얼마 안 되었을 때, 우스갯소리로 "고기도 못 자르면 한국에서 못 살지"라는 말을 들은 적 있어요. 어느 삼겹살집에서 한국인 친구에게 고기 자르기 특훈을 받던 기억이 나네요.

최근 야키니쿠 마니아들 사이에서
칭찬받고 있는 도쿄 맛집
'니쿠가토우肉がとう'

그러고 보면 고기를 굽는 것도 한국 사람이 일본 사람보다 더 잘하는 것 같아요. 아무래도 고기 먹을 기회가 많아서 자연스럽게 굽는 방법도 익힐 수 있었던 게 아닐까요? 한국인 친구가 그러더라고요. 맛있는 고기는 '육질이 반, 굽는 방법이 반'이라고요. 저도 그 기술을 배우고 싶네요!

일본 야키니쿠집에서 파는 대표적인 소고기 부위

- 히레 ヒレ : 안심
- 로스 ロース : 등심
- 리브로스 リブロース : 꽃등심
- 카타 로스 肩ロース : 목심
- 나미 카루비 並カルビ : 뼈 없는 갈비
- 나카오치 카루비 中落ちカルビ : 늑간살
- 자부톤 ザブトン, 하네시타 ハネシタ : 살치살
- 미스지 ミスジ : 부챗살
- 이치보 イチボ : 우둔살
- 신타마 シンタマ : 도가니살
- 도모산카쿠 トモサンカク : 삼각살
- 규탄 牛タン : 우설
- 호르몬 ホルモン : 내장류
- 마루쵸 マルチョウ : 곱창
- 시마쵸 シマチョウ : 대창

우설 부위인 '규탄 牛タン'도 야키니쿠집 인기 메뉴인데요. 한국에서는 좀 보기 힘든 부위라, 일본에 가게 된다면 꼭 한 번 도전해보세요. 소금구이로 구워 레몬즙을 뿌려 먹으면 정말 맛있어요.

menu
날달걀에 푹 찍어 먹는

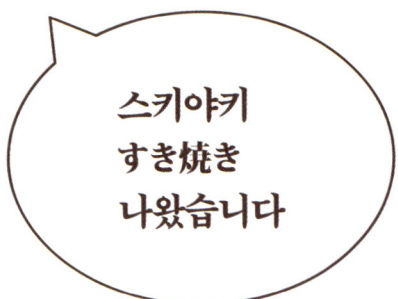
스키야키
すき焼き
나왔습니다

일본을 대표하는 음식 하면 많은 일본인들은 스키야키를 떠올립니다. 스키야키는 일본의 '전골 요리'인데요, 얇게 썬 소고기와 대파, 배추, 쑥갓, 표고버섯, 두부, 실곤약 등의 재료를 넣고 끓여 먹어요. 스키야키용 전골냄비는 바닥이 얕은 것을 사용합니다. 육수는 간장을 중심으로 설탕이나 맛술 등을 섞어서 만들어요. 이 스키야키 육수의 맛이 바로 일본인들이 생각하는 '가장 일본다운 맛'이라고 할 수 있을 것 같아요. 일본 마트에는 스키야키 육수를 간단히 만들 수 있는 조미료인 '스키야키노타레 すき焼きのタレ'를 팔기도 합니다.

스키야키는 온 가족이 모여 집에서 해 먹는 단란한 가정식 느낌이에요. 그런데 또 외식으로 먹으면 고급 요리가 됩니다. 예를 들어 최상급 와규 '마츠사카우시 松阪牛'를 다루는 것으로 유명한 가게에서 파는 스키야키는 최고의 일본 음식이라는 이미지가 있어요. 드라마를 보면 손님 접대가 필요한 자리에서 스키야키를 먹는 장면도 자주 나오죠.

스키야키를 먹는 방법은 좀 독특해요. 우선 날달걀을 풀고, 육수에 끓인 고기와 채소를 날달걀에 푹 찍어 먹습니다. 날달걀을 못 먹는 사람은 그냥 먹어도 됩니다만, 푼 날달걀과 스키야키 육수, 그리고 고기의 궁합이 절묘하니 시도해보시는 것을 추천해요.

스키야키는 가장 일본다운 맛

스키야키 하면 재밌는 이야기가 있어요. 60년대 일본의 국민 가수 사카모토 큐坂本九가 노래 〈위를 향해 걷자 上を向いて歩こう〉를 발표, 대히트를 쳤을 때입니다. 얼마나 대단했냐면 미국 빌보드 차트에서도 1위를 기록했었죠. 빌보드에서 소개된 이 노래의 영어판 제목이 바로 〈SUKIYAKI〉였답니다. 당시 미국 에이전트가 일본에서 먹은 것 중 가장 마음에 든 요리가 스키야키였다는 이유로 영어판 제목을 그렇게 바꾼 것이죠. 일본인들은 그때 이후로 역시 스키야키는 일본을 대표하는 음식이라는 인상이 생겨 스키야키를 더욱 사랑하게 된 걸지도 몰라요.

최고급 마츠사카우시를 먹을 수 있는 정육식당 '니쿠노 타지마 肉の田じま'

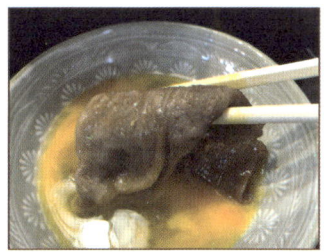

날달걀에 찍어서 먹으면 환상!

menu

젓가락으로 살짝살짝

샤브샤브
しゃぶしゃぶ
나왔습니다

한국에서도 즐겨 먹는 샤브샤브. 여러분도 잘 아실 텐데요, 샤브샤브란 뜨겁게 끓인 물에 얇은 고기를 살짝 데쳐 먹는 전골 요리의 일종입니다. 1952년, 오사카에 있는 일본 고기 요릿집 '스에히로 ㅈㅍㅂㅁ'에서 개발한 요리로, 제가 양국을 오가며 먹어본 결과 먹는 방법은 한국과 일본 사이에 큰 차이가 없는 것 같아요.

샤브샤브라는 이름

샤브샤브는 고기를 뜨거운 물에 넣고 젓가락으로 살짝살짝 움직일 때 나는 소리를 딴 의성어라고 해요. 샤브샤브 원조 식당인 스에히로의 직원이 물수건을 대야에 씻는 소리가 고기를 전골냄비에 익히는 것과 비슷하다고 해서 이런 요리명을 붙였다고 합니다.

찍어 먹는 양념은 새콤한 폰즈ポン酢나 고소한 참깨 드레싱이 일반적이에요. '폰즈'는 간장에 유자 등 감귤류 과즙을 넣어 만든 일본의 상큼한 조미료예요. 샤브샤브는 주로 소고기를 익혀 먹지만 돼지고기, 닭고기, 게, 복어, 문어, 방어, 도미 등도 먹곤 해요. 참고로 소고기 샤브샤브는 '규샤브牛しゃぶ', 돼지고기 샤브샤브는 '부타샤브豚しゃぶ'라고 부릅니다.

살짝 데치며 "샤~브샤~브"합시다!

채소도 듬뿍 나오는 캐주얼 샤브샤브 맛집 '샤브샤브 킨탄 しゃぶしゃぶKintan'

menu
일본식 곱창전골

모츠나베
もつ鍋
나왔습니다

모츠나베는 일본식 곱창전골입니다. 전쟁 후 후쿠오카福岡 쪽에서 소 곱창과 부추를 끓이는 요리가 생겨나고 재일 한인 분들의 식문화 영향도 받으며 현재의 모츠나베로 발전했다고 합니다. 앞서 일본에는 고기를 먹는 문화가 오랫동안 없었다고 말씀드렸는데요, 내장 역시도 잘 안 먹는 부위였어요. 모츠나베의 '모츠もつ'는 내장을 가리키는 '조우모츠臓物'에서 온 말입니다. 또한, '모츠' 이외에도 내장을 '호르몬ホルモン'이라고 부르는 경우도 있어요('텐진 호르몬 天神ホルモン'이라는 곱창 철판구이 맛집이 한국인 관광객들에게 인기가 많죠). 호르몬의 유래는 오사카 사투리로 '버리는 것'을 의미하는 '호오루몬 ほおるもん'이라는 단어에서 왔다는 설이 있습니다. 원래 일본에서 내장은 버리는 부위였거든요. 때문에 가격도 저렴한 편이고 서민들이 즐겨 먹는 음식으로 인기를 끌고 있습니다.

모츠나베 육수는 된장을 베이스로 한다고 알려져 있는데요, 본고장인 후쿠오카에서는 간장 육수도 인기가 많아요. 원래 모츠나베의 시작은 곱창과 부추를 간장 국물로 끓인 요리였다고 합니다. 후쿠오카 모츠나베 맛집에서 사용하는 내장 부위는 소 곱창을 쓰는 가게가 대부분이에요. 요즘에는 부추를 전골 가운데 한가득 올려 예쁘게 내오는 가게가 많더라고요. 다 먹고 나면 마무리로 짬뽕 면을 넣어 먹곤 합니다. 한국인이 식사 마무리로 볶음밥을 추가하듯요.

모츠나베와 모츠니 もつ煮

요 몇 년 사이 한국에서도 모츠나베가 어느 정도 이름을 알린 것 같은데요. 일본에서는 모츠나베보다 '모츠니'가 조금 더 유명한 메뉴일 거예요. 모츠나베는 전골이라 국물이 가득한 요리인 데 비해 모츠니는 걸쭉한 된장 양념으로 곱창을 진하게 끓인 요리로, 국물이 많지 않아요. 모츠니는 이자카야 술안주로 자주 볼 수 있는데요, 맛이 진해서 밥반찬으로 먹어도 참 잘 어울린답니다.

후쿠오카 명물 모츠나베를 즐길 수 있는 '오오야마 おおやま'. 소 곱창과 부추의 절묘한 하모니를 맛볼 수 있어요!

이자카야 기본 메뉴인 모츠니
(미소 맛 베이스)

menu

생강 양념에 절인

일본 서민 음식을 떠올려봤을 때 집에서도 동네 식당에서도 정말 자주 먹는 고기 요리가 바로 '쇼가야키' 아닐까 싶어요. 쇼가야키는 돼지고기 양념구이인데, 생강 양념에 고기를 재워두었다가 양파와 같이 볶아서 내는 요리에요. '쇼가しょうが'가 '생강'이라는 뜻이거든요. 원래는 돼지고기의 비린내를 없애기 위해 고기를 생강 양념에 절인 야키니쿠(228p)의 일종이었는데요, 이제는 독립적인 요리로 사랑받고 있습니다. 편의점 도시락 반찬으로도 자주 나오고 마트 냉동식품 코너에서도 흔히 볼 수 있는 음식이라고 하면 설명이 좀 될까요? 정육점에 가면 '쇼가야키용 돼지고기'를 따로 팔 정도로 일본인에겐 보편적인 음식이죠.

쇼가야키는 돼지고기를 얇게 썬 것과 두껍게 썬 것, 크게 나누면 이렇게 두 가지 스타일이 있어요. 고기를 얇게 썬 스타일은 한국의 제육볶음과 좀 비슷하지 않을까 해요(물론 쇼가야키는 전혀 맵지 않지만요). 참고로 일본 유명 가정식 체인점 '오오토야'에서 파는 쇼가야키나 편의점 세븐일레븐에서 파는 냉동 쇼가야키도 고기가 좀 얇은 스타일입니다. 공깃밥과 잘 어울려서 밥과 함께 먹는 '쇼가야키 정식 しょうが焼き定食'으로 많이 판매되는데, 특히 밥을 많이 먹는 일본 젊은이들에게 인기가 많아요. 밥 위에 쇼가야키를 하나 올려서 크게 한입의 행복을 누려보세요.

쇼가야키는 밥도둑이다!

양식집에서 나오는 쇼가야키를 '포크 진저 ポークジンジャー'라고 부르기도 합니다.

menu

치킨을 좋아하는 분이라면 강력추천!

치킨난반
チキン南蛮
나왔습니다

치킨난반은 개인적으로 한국인 독자분들에게 꼭 추천하고 싶은 음식이에요. 규슈 미야자키 宮崎현의 닭고기 향토 요리로, 새콤달콤한 단 식초(아마즈, 甘酢) 와 타르타르소스 タルタルソース를 뿌린 닭튀김입니다. 원래는 닭가슴살을 쓰는 게 일반적이었는데 요새는 닭다리살을 쓰는 가게도 있더라고요. 1950년대 미야자키현의 어느 양식집에서 직원들이 카라아게(264p)에 단 식초를 뿌려 먹었던 게 치킨난반의 시작이라고 해요. 가게 직원이 우연히 만든 요리가 정식 요리로 채택되었다는 유래는 이제 조금 익숙하시죠?

치킨난반은 고기뿐만 아니라 타르타르소스도 아주 중요해요. 타르타르소스란 양파, 계란, 케이퍼, 오이 피클 등이 들어간 마요네즈 베이스 소스예요. 맛있는 치킨난반은 닭고기 튀김과 단 식초, 타르타르소스의 밸런스가 절묘하죠. 일본인들은 치킨난반을 밥반찬으로 먹습니다(단품으로 파는 가게도 있기는 하지만, 기본적으로는 '치킨난반 정식 チキン南蛮定食'으로 먹는 경우가 많아요).

비교적 역사가 짧은 요리임에도 불구하고 현재 규슈 미야자키현을 대표하는 명물로, 규슈에서는 그냥 식당에 들어가면 흔히 볼 수 있는 메뉴가 되었어요. 가정식으로도 많이 먹고요. 전국적으로 유명한 메뉴가 되었습니다만 역시 저는 규슈에 가서 먹는 것이 좋아요. 제가 도쿄 사람이라서 그런지 가끔 도쿄에서 치킨난반을 먹으면 미야자키나 규슈 지방에서 먹었던 그 맛이 안 나더라고요.

이렇듯 저는 치킨난반을 너무 좋아해서 규슈에 갈 때마다 꼭 먹는데요. 제가 SNS에서 몇 번 치킨난반 맛집을 소개한 적이 있는데 한국에 계신 팔로워 님들의 반응도 아주 뜨거웠습니다. 실제로 드셔본 분들은 "또 먹으러 규슈 여행 갈 거예요!" 하고 이미 그 맛에 완전히 빠지신 경우도 있고요. 한국 치킨과는 스타일이 좀 다르지만, 치킨을 사랑하는 한국인에게 강력 추천할 만한 음식인 것 같아요.

치킨난반이 맛있는 후쿠오카 양식집
'봄바키친 ボンバーキッチン'
새콤달콤한 단 식초와 타르타르소스가 포인트!

menu

**심플하지만 감동적인
육수의 맛**

미즈타키는 전골에 물을 넣고 닭고기를 끓인 요리예요. '미즈水'는 '물', '타키炊き'는 '끓이는 것', 말 그대로인 음식이죠. 한국요리 중에는 '닭한마리'와 제일 비슷한 것 같아요. 미즈타키는 후쿠오카 하카타博多식과 일본 서쪽 지방인 간사이關西식 등 각 지역별로 스타일이 달라요. 여기서는 일반적으로 유명한 후쿠오카 하카타식 미즈타키를 소개해드릴게요.

조리법은 냄비에 물과 닭고기를 넣고 끓이는데 닭 자체와 다시마 등 최소한의 재료로만 맛을 내는 게 특징이에요. 먹는 순서도 정해져 있는데요, 우선 육수부터 마십니다. 컵에 육수를 담고 적당히 소금을 뿌려 닭 육수의 깊은 맛을 즐겨요. 그다음에 닭고기를 새콤달콤한 폰즈소스ポン酢에 찍어 먹습니다. 유자 맛 후추인 '유즈코쇼ゆず胡椒'를 더해 상큼한 맛을 즐겨도 좋아요. 고기를 먹은 후 추가로 니쿠단고肉団子(다진 닭고기 완자), 배추, 쑥갓, 대파, 표고버섯, 두부 등을 넣어 다시 끓여 먹으면 완벽한 마무리입니다.

일본인들은 미즈타키를 그냥 집에서 해 먹기도 하는데, 제대로 된 전문점에서 먹으면 꽤 비쌀 수도 있어요(도쿄에서는 코스 1인당 가격이 1만엔 이상 할 때도 있어요). 그래도 일본을 대표하는 전골 요리이기 때문에 기회가 되면 꼭 한번 먹어볼 만하다고 생각합니다.

한국 닭한마리 요리와 달리 닭고기를
적당히 잘라서 전골에 넣어요.

하카타식 미즈타키 전문 체인점
'하나미도리 華味鳥'

menu

퇴근길 한잔하실래요?

야키토리
焼き鳥
나왔습니다

야키토리는 일본식 '닭꼬치'입니다. '야키燒'는 '구운', '토리鳥'는 '닭'이라는 의미예요. 한입 크기로 자른 닭고기를 꼬치에 꽂아 굽습니다. 통째로 구우면 시간이 오래 걸리고 먹을 때 불편하기 때문에, 일본에서는 작게 잘라서 조리하는 요리가 많아요. 야키토리는 각 부위를 잘 나눠서 다양한 종류를 맛보는 스타일의 음식이라, 하나만 시키면 양이 좀 적게 느껴질 수도 있어요.

야키토리의 맛을 내는 방법은 크게 두 가지예요. 하나는 간장 베이스 양념을 발라 굽는 '타레タレ', 또 하나는 소금을 좀 뿌려서 굽는 '시오塩'입니다. "간은 타레로 먹는 게 맛있지~" "에이, 야키토리 전문가라면 시오로 먹어줘야지!" 이런 대화를 주고받으며 사람마다 자기 취향에 맞춰 먹는답니다.

한국도 길거리 음식으로 닭꼬치를 먹잖아요. 일본에서도 축제 같은 행사가 있을 때 꼭 야키토리를 팔아요. 마트나 편의점, 그리고 이자카야에서 술안주로도 팔고요. 야키토리 전문점도 있는데, 일부 전문점은 브랜드 닭을 사용하고 좋은 숯불로 굽기 때문에 좀 비싼 편이에요. 코스로 먹는 경우엔 훨씬 비싸지고요(도쿄에서는 코스 1인당 가격이 만엔 이상 하기도 해요).

물론 일반적으로는 '야키토리=서민의 음식'이라고 생각하시면 됩니다. 도쿄 회사원의 성지인 신바시 新橋(서울 종로나 을지로 같은 동네라고 할 수 있을 것 같아요)에는 정말 많은 야키토리집이 있고, 매일 회사원들이 술과 야키토리를 먹으며 하루를 마치고 있습니다.

부위별 야키토리 메뉴
- 모모 もも : 닭다리살
- 네기마 ねぎま : 닭다리살 + 대파
- 카와 かわ : 닭껍질
- 츠쿠네 つくね : 다진 닭고기 완자
- 레바 レバー : 닭간
- 테바사키 手羽先 : 닭날개
- 본지리 ぼんじり : 닭엉덩이살
- 하츠 ハツ : 닭염통
- 사사미 ささみ : 닭가슴살
- 스나기모 砂肝 : 닭똥집

후쿠오카 명물 '카와(닭껍질)'를 저렴하게 파는 서민적 야키토리 맛집 '카와야 かわ屋'

츠쿠네와 레바. 츠쿠네는 반숙란에 찍어 먹어요.

menu
홋카이도식 양고기구이

징기스칸
ジンギスカン
나왔습니다

한국에서 양고기 요리 하면 아무래도 양꼬치가 제일 인기가 많은 것 같아요. 하지만 일본에서는 양꼬치가 그리 대중적인 음식은 아니에요. 일부 중국요릿집에서 파는 메뉴 정도로만 인식되어 있습니다.

일본에서 양고기 하면 역시 '징기스칸'이 아닐까 합니다. 징기스칸은 홋카이도北海道식 양고기구이입니다. 전국 각지에 징기스칸 가게가 있지만, 홋카이도 지역처럼 저렴하고 맛있는 가게가 많은 곳은 드물어요. 원래 홋카이도는 면직물 생산을 위해 면양綿羊을 많이 사육해왔는데요, 나중에 양을 먹는 식문화가 보급되면서 이런 요리가 생겼다고 해요. 참고로 홋카이도에서는 양고기를 샤브샤브로 먹기도 하는 등 양 요리를 즐겨 먹고 있어요. 홋카이도 편의점에서는 포장된 징기스칸을 부담 없는 가격으로 팔기도 하고요.

제가 이제까지 먹은 징기스칸 중 가장 감동한 건 홋카이도 아사히카와旭川시에 있는 맛집 '다이코쿠야大黑屋'에서 먹은 것인데요. 고기 1인분에 700엔(한국 돈 7000원 정도)이라는 합리적인 가격에 최고의 맛을 느낄 수 있었어요(저는 그날 4인분이나 먹었답니다).

징기스칸을 굽는 철판은 모양이 좀 독특하게 생겼어요. 철판 가운데 볼록하게 튀어나온 곳에 고기를, 주변의 낮은 곳에 양파나 숙주나물 등 채소를 익히는데요. 고기에서 흘러나온 기름이 낮은 곳으로 흐르면서 채소와 만나 고소한 맛을 내도록 설계되어 있습니다.

도쿄에서 본격적인 징기스칸을 먹을 수 있는 맛집 '마에다야 まえだや'

nemo's dessert

일본의 맛을 선물하고 싶을 땐

일본에는 '오미야게お土産' 문화가 있습니다. '오미야게'란 친구, 지인들에게 선물하기 위해 자신의 고향이나 다녀온 여행지에서 구입하는 현지 기념품입니다. 일본인은 오랜만에 친구를 만날 때 빈손으로 만나는 것을 미안하게 생각하는 것 같아요. 저 같은 경우엔 한국에 갈 때마다 뭔가 일본다운 과자를 꼭 챙겨가요. 한국의 친구들에게 선물하기 위해서인데요, 그때 꼭 이 카린토를 오미야게로 가져간답니다.

카린토는 막대 모양으로 밀가루와 설탕을 반죽하여 튀겨 낸 후 흑설탕이나 벌꿀을 발라 달콤하게 코팅한 과자입니다. 튀김 과자라 바삭함이 기본이지만, 약간 촉촉한 식감이 느껴지는 종류도 있어요. 수제로 만든 카린토는 크기가 균일하지 않은데, 그게 오히려 먹는 재미가 있어요. 카린토를 먹어본 저의 한국인 친구들은 정말 맛있고 마음에 쏙 들었다고 하더라고요. 카린토는 다른 와가시보다 비교적 무게가 가볍고 유통기한도 긴 편이라 선물로 딱 좋은 것 같아요. 일본 여행 기념 오미야게로 뭘 살지 고민된다면 카린토를 추천할게요.

카린토의 맛은 흑설탕과 백설탕, 두 가지가 있어요. 일반적으로 흑설탕이 인기가 많고 유통량도 많은 것 같습니다. 개인적으로는 '도쿄 카린토 東京カリント'라는 회사에서 만든 '네리미츠 카린토 煉蜜かりんとう'를 참 좋아합니다. 흑설탕 카린토에 당밀(설탕을 만들고 남은 시럽)을 두 번 바른 네리미츠 카린토는 일본 마트에서도 쉽게 구할 수 있으니 기회가 있으면 한 번 먹어보세요. 카린토 전문점에서는 다양한 맛(땅콩, 시나몬, 말차, 인절미, 캐러멜, 카레 등)을 팔고 있으니 골라 먹는 재미도 있을 거에요.

카린토는 오미야게로 선물하기도 좋습니다.

네모가 추천하는 '네리미츠 카린토'

백화점에 입점한 카린토 전문점.
'아자부 카린토 麻布かりんとう'
다양한 맛이 준비되어 있어요.

예를 들어, 왼쪽 '카레 맛 카린토'와
오른쪽의 '유자 맛 카린토'

**table
no.9**

궁금하다,
그 밖의 일본 음식

nemo's memo

옆 테이블 네모로부터

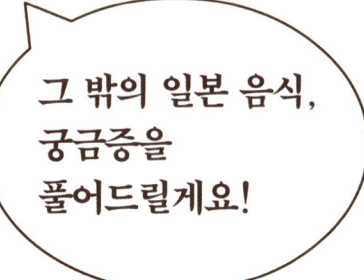

그 밖의 일본 음식, 궁금증을 풀어드릴게요!

이번 테이블에서는 그동안 다루지 않았던 일본 음식들을 모아서 소개해볼까 해요. 일본의 분식이라고 할 수 있는 오코노미야키와 타코야키, 튀김 요리인 카라아게와 텐푸라, 그리고 오뎅 등… 얘기하고 보니 한국분들에게도 익숙한 요리들이 많을 것 같네요.

위의 요리들은 한국에서는 서민 음식으로 먹지만, 일본에서는 의외로 고급화된 경우도 있고, 한국과 다른 점도 많이 있어요. 오뎅 같은 경우는 이름은 똑같지만 지역마다 스타일이 달라서 한국분들이 "이게 오뎅이야?" 하고 놀라더라고요.

이런 음식들의 역사나 현지인들이 어떻게 먹는지를 설명해드립니다.

그럼 하나씩 자세히 맛보시죠!

menu

철 주걱으로 잘라서 얌냠

> 오코노미야키
> お好み焼き
> 나왔습니다

오코노미야키는 밀가루 반죽에 각종 재료를 넣고 구워 먹는 요리로, 한국의 부침개 같은 음식이에요. 혹시 오코노미야키집에 가보신 적 있나요? 규모에 따라 자리 구성은 좀 다르겠지만, 일반적으로 큰 철판 앞에 바 자리가 배치되어 있는 가게가 많아요. 손님들은 바 자리에 앉아 눈앞에서 오코노미야키가 구워지는 모습을 즐길 수 있답니다. 그 과정을 보는 것도 마치 하나의 쇼처럼 화려하고 재미있어요.

본격적으로 오코노미야키를 먹어볼까요. 먹는 방법도 아주 재밌는데요, 젓가락이 아니라 작은 철 주걱 '헤라ヘラ'를 사용해 잘라 먹으면 돼요. 철판 위에 두고 먹으니 끝까지 따뜻하게 먹을 수 있습니다(혹시 철판에서 먹기 불편하면 따로 접시에 옮겨 먹어도 되니 걱정할 필요 없어요). 각 자리에는 진한 갈색의 오코노미야키소스, 가츠오부시, 파래 가루, 마요네즈, 고춧가루 등이 준비되어 있어 본인 취향에 맞게 뿌려서 먹으면 됩니다.

오사카식 오코노미야키

'오사카大阪'와 '히로시마広島', 이 두 지역의 오코노미야키가 굉장히 유명해요. 우선 오사카식 오코노미야키는 밀가루 반죽에 다시, 달걀, 간 마, 잘게 다진 양배추 등 모든 재료를 섞은 다음 구워내는 것이 특징입니다. 식감을 부드럽게 하기 위해 반죽에 마를 갈아 넣는 것과 오코노미야키 위에 마요네즈를 뿌려서 먹는 것도 오사카에서 시작된 문화입니다.

이런 오코노미야키 앞에 '오사카식'이 붙게 된 건 1970년대 이후였대요. 오사카에 소문난 오코노미야키 맛집들이 생기던 그때, 마침 오사카에서 세계박람회가 열리는 등 여러 이벤트가 겹치면서 몰려든 관광객들 사이에 소문이 나기 시작한 거예요. "오사카 오코노미야키가 맛있었다!"고요.

참고로 어느 설문조사에 따르면, 오코노미야키가 밥반찬이 된다고 생각하는 일본인은 전국에서 20% 정도라는데요, 오사카만 따로 봤을 땐 약 50%가 나왔대요. 오사카 쪽에는 오코노미야키와 공깃밥이 세트가 된 '오코노미야키 정식 お好のみ焼き定食'을 파는 가게도 있어요(다른 지역에 사는 일본인이 많이 놀라는 식습관입니다).

모든 재료를 섞어 구워내는 오사카식 오코노미야키

히로시마식 오코노미야키

이제 히로시마식 오코노미야키를 구워볼 차례입니다. 먼저 밀가루 반죽을 동그란 모양으로 얇게 구워 그 위에 양배추, 고기, 국수 등을 얹습니다. 그러다가 따로 얇게 구운 달걀을 그 위에 덮어서 속 재료를 찌듯 구워요. 오사카식은 미리 반죽에 모든 재료를 다 섞어서 굽는다면, 히로시마식은 철판 위에서 층층이 쌓으면서 구워가는 게 특징이에요. 굽는 방법에 차이가 있기 때문에 식감도 다르답니다.

히로시마식 오코노미야키 가게 이름을 살펴보면 '밋짱みっちゃん'이나 '레이짱れいちゃん' 등 이름에 '~짱'을 붙인 가게가 많은데요. 거기엔 이유가 있습니다. 히로시마는 전쟁 직후 시장에서 오코노미야키를 팔며 생계를 이어나가던 미망인이 많았다고 해요. '짱ちゃん'은 어린이나 친한 친구에게 애칭으로 붙는 귀여운 말인데, 당시 젊은 미망인 주인의 애칭을 가게 이름에 붙인 것이죠. 히로시마식 오코노미야키는 미군이 준 밀가루로 만들기 시작했어요. 전쟁 후 먹을 것이 부족할 때, 양이 많은 음식을 만들려고 밀가루 안에 면을 넣기 시작한 것이 지금의 히로시마 스타일이 되었습니다.

철판 위에서 층층이 쌓으면서 구워가는 히로시마식 오코노미야키

오코노미야키 주요 토핑을 소개합니다

☞ 부타타마 豚玉 : 돼지고기

☞ 스지 スジ : 소 힘줄

☞ 이카 イカ : 오징어

☞ 에비 エビ : 새우

☞ 모찌 もち : 떡

☞ 기무치 キムチ : 김치

☞ 치즈 チーズ : 치즈

☞ 믹쿠스 ミックス : 믹스(고기, 해산물 등 토핑을 골고루 넣는 것)

마음에 드는 토핑을 골라 취향껏 나만의 오코노미야키를 만들어 먹을 수 있답니다. 혹시 고르는 게 어렵다면 다양한 토핑을 섞어주는 '믹쿠스 ミックス'로 드셔보세요!

'몬자야키 もんじゃ焼き'를 소개합니다

몬자야키란, 물에 푼 밀가루를 철판에 구워 먹는 도쿄 로컬 분식입니다. '도쿄식 오코노미야키'라고 하는 사람도 있지만, 조리법도 모양도 오코노미야키와는 달라요. 밀가루나 양배추 등 주요 재료는 비슷한데 오코노미야키보다 반죽이 묽고, 우스터소스 등 조미료를 반죽에 같이 넣어 굽습니다. 그래서 오코노미야키처럼 바삭하지 않고, 흐물흐물 독특한 비주얼이 탄생해요.

일본에 오코노미야키집은 1만 곳 이상 있는데, 몬자야키집은 400곳 정도밖에 없답니다. 도쿄 로컬 푸드라고는 하는데, 솔직히 도쿄 현지인인 제 경험상 평소에 몬자야키를 먹을 기회는 많지 않아요. 도쿄의 '츠키시마 月島'나 아사쿠사 등 일부 지역에서만 명물로 파는 음식이거든요. 1970년쯤까지 옛날식 문방구에서 몬자야키를 파는 데가 있어서 어린이들 간식으로 먹었다고 하는데요. 이제는 문방구에서도 볼 수 없고, 전문점에 가야만 먹을 수 있는 보기 드문 음식이 되었습니다.

이게 바로 오사카 서민의 맛! 저렴하고
맛있는 오사카 전통식 오코노미야키 맛집
'치토세 ちとせ'

히로시마 현지인도 인정하는 정통파
히로시마식 오코노미야키 맛집
'핫쇼 八昌'

menu
오사카 대표 소울 푸드

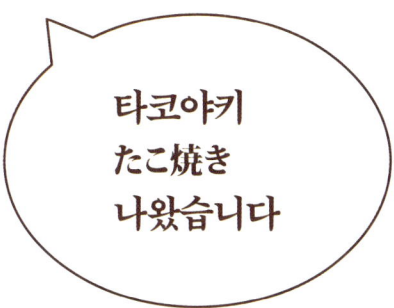

타코야키
たこ焼き
나왔습니다

일본에서 축제가 열리면 꼭 빠지지 않고 노점에서 파는 음식이 있습니다. 밀가루로 만든 반죽에 문어를 넣어 지름 3~5cm 정도의 구슬 모양으로 구운 오사카 로컬 분식, 타코야키입니다. 옛날부터 이런 모양의 분식을 간사이 지방에서 파는 곳은 좀 있었지만, 처음에는 안에 문어가 아닌 소고기를 넣는 스타일이 많았대요. 그러다가 1930년대 들어, 오사카의 한 가게에서 '타코たこ(문어)'를 넣어 팔게 되면서 현재의 타코야키가 되었답니다. 이제는 오사카를 대표하는 소울 푸드라고 해도 과언이 아닐 만큼 명실상부 오사카의 명물이죠.

요즘에는 사이즈를 크게 만들거나 문어 대신 새우나 소시지, 떡 등 다른 재료를 넣어 만드는 퓨전 타코야키 스타일도 유행하는 것 같아요.

한입에 쏙 넣지 마세요

타코야키는 한국에서도 쉽게 접할 수 있고, 심지어 노점 형태로 운영하는 타코야키 트럭도 있죠. 타코야키를 자주 먹는 한국인도 꽤 봤는데요, 저는 일본에 온 한국인 친구에게 꼭 미리 말하는 것이 있어요. 바로 "한입에 다 넣지 마세요"입니다. 일본에서 먹는 타코야키는 한입에 먹으면 화상을 입을 만큼 상당히 뜨거운 음식이에요. 반죽 속을 부드럽고 촉촉하게 만드는데 그 부분이 매우 뜨거우니 조심해서 드시는 게 좋아요. 처음 먹을 땐 덜 익었다 싶을 수도 있을 텐데요, 덜 익은 게 아니라 그저 일본식일 뿐이랍니다. 문어와 같이 부드러운 식감을 즐기는 음식이라고 생각하시면 돼요.

집에서 친구들과 편하게 파티하고 싶을 땐 '타코파 タコパ'

일본인들은 집에서도 타코야키를 해 먹곤 해요. 타코야키를 만드는 전용기기인 '타코야키키 たこ焼き器'는 '돈키호테 ドンキホーテ' 등 일본 종합 할인점에 가면 쉽게 구입할 수 있습니다. 오사카 소울 푸드라는 인식 때문인지, 오사카 사람들 집에는 대부분 타코야키키가 있다는 이미지가 있는데요, 실제 오사카 친구에게 물어본 결과 꼭 그런 것은 아니더라고요.

혹시나 타코야키 만들기에 관심 있는 분들을 위해, 타코야키를 만드는 방법은 이렇습니다. 철판 가운데 있는 반구형의 구멍에 반죽과 문어를 넣고 열을 가합니다. 그리고 꼬치로 반죽을 뒤집어가며 동그랗게 모양을 잡아요. 이 과정이 익숙하지 않은 분들은 만드는 게 쉽지 않을 거에요. 그런데 젊은 사람들은 잘하든 못하든 친구들과 함께 타코야키를 만드는 과정을 즐긴다고 해요. 아주 재미있는 방식으로요. 바로 '타코파'입니다. 집에 친구들과 모여 타코야키를 해먹는 것을 뜻하는 신조어인데요, '타코야키 파티'의 줄임말이에요. 요즘 유행하는 홈 파티의 한 종류인데, 만드는 재미와 먹는 재미가 합쳐진 멋진 파티 아닌가요?

돈키호테에서 파는 '타코야키키'

오사카 우메다역 상가에 있는 초인기
타코야키 맛집 '하나다코 はなだこ'

menu

에도 3대 음식의 하나

텐푸라는 해산물이나 채소류를 튀긴 일본식 튀김 요리입니다. 옛날부터 일본과 무역 교류가 활발했던 포르투갈의 영향을 받아 만들어졌어요. 포르투갈의 튀김 요리인 '템포라 temporas'가 현지화된 음식이라고 해요.

앞서 스시, 소바와 함께 텐푸라를 에도 3대 음식으로 소개했던 것처럼, 에도시대에 식용 기름의 생산량이 늘어나면서 서민들도 즐겨 먹을 수 있는 향토 음식이 되었어요. 처음에는 노점에서 팔았으나 장인들이 운영하는 텐푸라 전문점 중에는 고급스러운 가게도 있습니다. 이렇게 서민의 음식이 고급화되기도 하면서 보급되는 과정은 스시와 비슷한 것 같아요.

텐푸라에 쓰이는 해산물이나 채소 재료를 '타네タネ'라고 해요. 대표적인 타네로는 새우, 오징어, 보리멸, 바닷장어, 고구마, 호박, 가지, 연근 등이 있습니다. 텐동(85p)이나 텐푸라 소바(153p)에는 항상 새우 텐푸라를 올려주기 때문에, 보통 텐푸라라고 하면 사람들이 새우 튀김을 떠올립니다.

타네나 튀김옷 자체에는 따로 양념을 하지 않기 때문에, 먹을 때 텐푸라 전용 간장 다시 육수인 '텐츠유天つゆ'나 소금에 찍어서 간을 맞춰요. 튀김 옷을 맛있게 튀기려면 튀김가루인 '텐푸라코天ぷら粉'가 참 중요한데요, 텐푸라코 반죽의 비율을 잘 계산해서 만들어야 최상의 맛을 낼 수 있었어요. 그런데 이제는 식품회사마다 그냥 물에 풀면 맛있는 텐푸라를 만들 수 있는 텐푸라코를 팔고 있어서, 집에서도 간단히 만들 수 있게 되었답니다. 튀긴 후 기름을 처리하는 게 번거롭다고 안 해 먹는 사람은 있지만요.

텐푸라의 주인공 '에비(새우)텐푸라'

후쿠오카의 소울푸드! 서민들이 사랑하는 가성비 좋은 텐푸라 맛집 '히라오ひらお'

menu
일본식 닭고기 튀김

카라아게
から揚げ
나왔습니다

카라아게는 텐푸라와 함께 일본을 대표하는 튀김 요리로, 일본식 '닭고기 튀김'입니다. 모양은 순살 후라이드 치킨과 좀 닮았죠. 닭고기 외에 일부 생선(가자미, 흰 살 생선 등)이나 채소를 재료로 쓰는 경우도 있긴 하지만, 보통은 '카라아게 =닭고기 튀김'이라고 생각해도 무방합니다.

일본은 전쟁 후 식량난을 해결하기 위해 국책으로 양계장을 많이 만들었는데요, 그때 닭요리를 맛있게 먹는 방법도 급속도로, 다양하게 발전했어요. 그중 하나가 카라아게죠. 특히 양계장이 많았던 오오이타大分현의 나카츠中津지역에 카라아게를 파는 가게가 많아서, '카라아게의 성지'로 유명해졌습니다. 지금은 전국에서 대중적인 사랑을 받고 있고요.

카라아게와 텐푸라의 차이

가끔 한국분들에게 "카라아게와 텐푸라의 차이는 무엇인가요?"라는 질문을 받습니다. 둘을 구분하고 싶다면 양념과 튀김옷을 보면 돼요. 튀기기 전에 양념 간을 하고 튀김옷은 비교적 얇게 입혀 튀기는 게 카라아게, 재료에 어떠한 간도 하지 않고 튀김옷이 두꺼운 것이 텐푸라입니다.

카라아게를 더욱 맛있게 먹는 방법

카라아게는 간이 되어 있기 때문에 따로 소스나 조미료가 필요 없어요. 그래도 조금 더 맛있게 먹고 싶다면 마요네즈에 찍어서 드셔보세요. 식당에서 주문하면 슬라이스 레몬이 토핑으로 같이 나오는 경우도 있는데요. 이 레몬을 뿌리느냐 마느냐로 굉장히 호불호가 갈린다고 해요. 레몬즙이 맛을 더해준다고 생각하는 사람도 있지만, 반대로 맛을 해친다고 생각하는 사람도 있거든요. 혹시 일본에서 카라아게를 여럿이서 나눠 먹게 될 때는 레몬즙을 뿌려도 되는지 미리 확인하는 게 좋겠습니다. 카라아게를 먹는 일본식 매너인 거죠.

정식집 인기 메뉴, 카라아게 정식.
마요네즈에 찍어 먹으면 더욱 맛있어집니다.

일본에선 이런 음식도 밥반찬으로 먹습니다

카라아게는 일본에서 밥반찬으로 먹는 음식이에요. 아주 당연하고 자연스럽게요. 치밥보다 치맥이 더 익숙한 한국분이라면 조금 의아하실 수도 있는데요. 밥과 함께 나오는 '카라아게 정식 から揚げ定食'은 식당에서 흔히 볼 수 있는 기본메뉴이자 인기 메뉴입니다.

이처럼 한국에서는 밥과 함께 잘 먹지 않지만 일본에서는 반찬으로 먹는 음식들이 몇 가지 있어요. 예를 들어 교자, 고로케 같은 것들이 있죠.

지역마다 차이가 있는데, 오사카에서는 타코야키나 오코노미야키를 밥반찬으로 먹기도 합니다. 도쿄 사람 입장에서도 오코노미야키와 밥을 같이 먹는 것은 솔직히 좀 어색하지만, 그런 식으로 탄수화물로 된 음식을 반찬으로 먹는 경우가 의외로 많답니다. '라멘라이스 ラーメンライス'라고 해서 라멘과 밥을 같이 먹는 사람도 있고요. 아마도 어떤 음식이든 맛이 진하면 밥과 어울린다고 생각하는 게 아닐까요.

야키토리 맛집인데 런치 카라아게 정식이 소문난 '미야가와宮川'

menu

**한국과 또 다른 맛을
찾는 기쁨**

오뎅 おでん
나왔습니다

오뎅은 냄비에 어묵뿐만 아니라 여러 식재료를 함께 넣고 끓여서 먹는 일본의 전골 요리예요. 한국에서 먹는 오뎅은 분식 이미지가 강하다면, 일본에서는 좀 더 차려 먹는 음식에 가깝달까요.

오뎅은 정말 지역별로 개성이 뚜렷한 음식이에요. 겨울이 오면 편의점에서 꼭 오뎅을 파는데, 그 편의점 오뎅마저도 지역마다 재료나 맛이 다 다르답니다. 특히 일본을 동서로 나누었을 때 차이가 극명하게 드러나요. 동쪽 지방과 서쪽 지방 모두 미리 데친 어묵과 재료들을 츠유 국물에 넣어 끓이는 것은 동일해요. 하지만 동쪽에서는 색깔이 진한 간장인 '코이쿠치쇼유濃口醬油'를, 서쪽에서는 색깔이 연한 간장인 '우스쿠치쇼유薄口醬油'를 사용하기 때문에 비주얼과 맛에 차이가 있죠.

일본에서 오뎅을 먹으려면 노점은 그리 많지 않고, 전문점으로 가야 해요. 이자카야도 좋습니다. 겨울에 집에서 해 먹는 요리이기도 한데요, 마트에서 즉석 오뎅을 사서 그대로 냄비에 넣어 끓이면 바로 온몸이 따뜻해지는 오뎅을 먹을 수 있습니다.

대표적인 오뎅 재료

- 다이콘 大根 : 무
- 코부마키 こぶまき : 다시마롤
- 콘냐쿠 こんにゃく : 곤약
- 타마고 玉子 : 달걀
- 시라타키 しらたき : 실곤약
- 토후 とうふ : 두부
- 츠미레 つみれ : 어육 완자
- 한펜 半ぺん : 마를 넣은 어묵
- 간모 がんも : 두부 완자
- 야키치쿠와 焼ちくわ : 구운 어묵
- 아츠아게 厚揚げ : 크고 두꺼운 유부
- 치쿠와부 ちくわぶ : 둥근 어묵
- 고보우마키 ごぼうまき : 우엉
- 사카나스지 魚すじ : 생선 살 어묵
- 사츠마아게 さつまあげ : 채소를 넣은 튀김 어묵
- 후쿠로 ふくろ : 유부 주머니
- 시노다마키 しのだまき : 유부롤
- 캬베츠마키 きゃべつまき : 양배추롤

무, 다시마, 달걀, 양배추, 고기, 해산물 등 재료들의 맛이 국물에 우러나기 때문에 오뎅은 끓일수록 더 맛있어집니다.

역시 오뎅은 푹 끓여 먹는 맛

두부 오뎅. 밥에 얹어 먹어요.

제대로 푹 끓인 간토풍 오뎅이 먹고 싶을 땐 도쿄역 부근 '오타코우 多幸'

nemo's dessert

오래오래 먹어도 좋다!

요칸은 팥을 틀에 넣고 '한천寒天(우뭇가사리)'으로 굳힌 와가시입니다. 한국어로는 '양갱'이나 '단팥묵'이라는 이름으로도 잘 알려진 디저트죠. 한천으로 제대로 굳힌 요칸을 '네리요칸煉羊羹', 한천이 아니라 밀가루나 칡뿌리 가루를 넣고 굳힌 요칸을 '무시요칸蒸羊羹'이라고 부르는데요, 통상적으로 요칸 하면 네리요칸을 말하는 경우가 많습니다. 또한, 한천을 조금만 넣어 부드럽게 굳힌 다음 차게 해서 먹는 '미즈요칸水羊羹'도 있어요.

네리요칸은 당도가 높기 때문에 상온에서 장기보존이 가능합니다. 보통 유통기한은 1년이라고 하지만, 실제로는 더 길다고 하고요. 인터넷에서는 30년 동안 먹을 수 있다고 하는 사람도 있는데 아무래도 그건 너무 과장된 것 같죠. 그렇지만 몇 년 전에 산 요칸을 버리지 않고 지금 먹었다고 하는 일본인은 있습니다. 이런 특징을 살려 요칸을 비상식량으로 판매하기도 합니다. 일본은 지진 등 자연재해가 많이 일어나는 나라라서, 배낭에 비상식량을 챙겨 대책을 준비해두는 것이 중요하거든요.

요칸은 양이 적어도 칼로리가 높고 보관도 편리해서 스포츠용 영양 보충식이나 등산용 음식으로도 좋아요. 저도 등산할 때는 초콜릿보다 요칸을 챙겨갑니다. 요칸은 초콜릿처럼 녹지도 않으니까요.

요칸이라는 이름을 살펴보면 '양羊'의 '칸羹(국)', 즉 '양고기로 만든 국'이라는 뜻으로 중국에서 전해진 음식이라고 해요. 그때는 양의 피를 넣어 만들었다고 하는데, 피가 식으면 푸딩처럼 굳어지거든요. 당시 고기를 먹지 못했던 일본의 승려들이 양고기 대신 팥을 넣고 만들어 먹기 시작했고, 그게 지금의 요칸이 되었다고 해요. 이제는 밤이나 고구마를 넣기도 하고, 흑설탕이나 말차를 섞어 만드는 등 다양한 요칸이 생겼습니다.

일본에서는 용서를 빌 때, '토라야 요칸'을 들고 간다?

'토라야虎屋'는 400여 년 역사를 지닌 일본의 최고급 와가시 집입니다. 일본 황실도 이곳의 요칸을 즐겨 먹을 정도로, 일본인이라면 모르는 사람이 없을 만큼 유명한 곳이랍니다.

부드러운 미즈요칸. 여름에 냉장고에 넣어두었다 차게 먹으면 참 맛있습니다.

일본 마트나 편의점에서 파는 작은 요칸. 한 개에 약 100엔

이 토라야의 요칸에는 특별한 에피소드가 있어요.

누군가에게 잘못을 하여 용서를 빌 때, 일본인들은 토라야에서 요칸을 사 가는 경우가 있습니다. 그 이유는 요칸을 만드는 방법인 '굳히기'가 '일을 굳힌다(사태를 수습한다)'는 뜻을 연상시키고, '사태를 무겁게 받아들였다'는 의미도 나타내기 때문입니다. 실제로 토라야 요칸을 들어보면 사이즈에 비해 꽤 무게가 나가거든요.

토라야 요칸은 크기나 종류에 따라 가격이 달라지는데요, 가장 기본 사이즈의 요칸은 약 3000엔입니다. 다른 와가시들에 비해 비싸고 고급인 편으로, 사죄할 때 성의를 표시하기 딱 좋아요. 많은 사람이 '토라야 요칸을 드리면 혹시 용서를 받을 수 있지 않을까?' 생각하는 이유기도 합니다.

정말인지는 모르겠으나, 토라야에서 요칸 구입 시 "사죄하기 위해 구입합니다"라고 말하면 직원이 조언을 준다고 합니다. 인터넷에 검색해보니 사죄 방문 시간대나 드릴 말씀, 심지어 패션까지 조언을 받았다는 경험담들이 나와요. 참고로 사죄 방문 시간대는 오후 1시에서 2시 사이가 좋다고 해요. 아무래도 배가 고프면 사람이 너그러울 수 없기 때문에, 점심시간 이후 방문하면 용서 받을 가능성이 높아진다고 생각하는 것 같습니다.

물론 토라야 요칸은 굳이 사죄용이 아니어도 그냥 선물용으로도 좋습니다. 혹시 본인이 먹는 용이라면, 기본 사이즈

(3000엔)는 양이 많기 때문에 하프 사이즈(1500엔)를 추천해요. 혹시 토라야 요칸이 처음이라면 시그니처 상품이라고 할 수 있는 '요루노우메 夜の梅'부터 먹어보는 걸 추천해요. 여러 가지 맛을 보고 싶으면 낱개로 구입할 수 있는 '소형 요칸 小形羊羹'도 좋아요. 흑설탕, 벌꿀, 홍차 맛 등 다양한 종류가 있습니다.

토라야 본점은 도쿄 아카사카 赤坂에 있으나, 전국 백화점에 입점해 있어요. 도쿄에만 해도 긴자 銀座, 신주쿠 新宿, 시부야 渋谷 등 여러 군데 매장이 있답니다.

'요루노우메'는 단면의 팥알 모양이 밤(요루, 夜)에 피는 매화(우메, 梅)처럼 생겨서 붙은 이름이에요.

대나무 잎으로 포장한 기본 사이즈 요칸. 약 3000엔.

소형 요칸, 개당 292엔

table
no.10

カレー

nemo's memo

옆 테이블 네모로부터

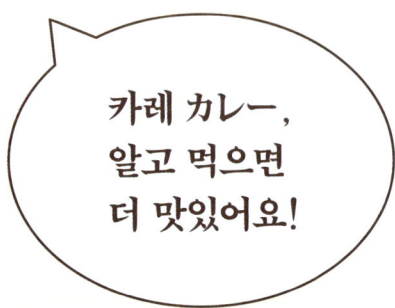

사실 일본인들은 제일 좋아하는 음식을 꼽으라면 그건 카레일지 몰라요. 자주 먹어도 질리지 않고, 서민적이고 친근한 음식임에도 불구 끊임없이 새로운 종류와 맛집이 쏟아져 나오고… 카레는 바로 국민 음식이라고 해도 과언이 아닌 만큼 많은 사랑을 받고 있어요. 싫어하는 사람이 거의 없다는 평을 듣기도 하는, 그야말로 모두가 좋아하는 음식이죠.

일본 사람들은 왜 이렇게 카레를 좋아할까요? 제 생각엔, 일본인들이 어렸을 때부터 맛있는 카레를 먹고 자랐기 때문이 아닐까 싶습니다. 카레는 초등학교 때 급식에 가장 자주 나오는 메뉴였거든요. 저는 적어도 학교에서 나온 카레가 맛없어서 싫어했다는 얘기는 지금껏 들어본 적이 없어요. 초등학생들은 '카레의 날'을 기대하며 기다리죠. 저도 급식시간에 카레를 먹을 때는 친구들과 누가 더 빨리 더 많이 먹는지 겨루며 다 먹으면 달려가 리필을 받곤 했었죠.

집에서도 마찬가지예요. 카레는 각 집마다 고유한 맛이 있다고 하는데요, 같은 카레라도 간장이나 우스터소스 등 집마다 카레에 넣는 조미료가 다르기 때문에 우리 집의 맛, 추억의 맛이 생겨나요. 그래서 그런지 아이들도 참 좋아하는 가정식입니다.

집에서 카레를 만들 땐 주로 시판품 *카레 루를 사용해요. 마트에서 파는 카레 루의 품질이 아주 좋기 때문에, 카레는 누가 만들어도 실패 없는 메뉴입니다. 그냥 동네 마트 아무 곳에나 들어가도 정말 다양한 브랜드의 카레 루를 구매할 수 있어요. 재밌는 건 한 브랜드의 제품만 사기도 하지만, 다른 브랜드의 카레 루를 두 가지 이상 조합해서 만들면 더 맛이 좋아진다고 생각하는 사람들이 있어요. 예를 들어 "바몬드카레와 골든카레를 같이 끓이면 더 맛있어진다"고 해서, 하나씩 사서 같이 넣어 만들기도 하는 거죠.

이렇게 유독 카레를 사랑하는 일본이라 카레와 관련된 재밌는 에피소드도 있는데요, 일본에서는 카레를 먹을 기회가 많기 때문에, 의도하지 않게 3일 연속 카레를 먹게 될 수도 있어요. 밖에서 카레를 먹고 왔는데 집에서도 카레가 나오고, 다음날 동료가 카레를 먹고 싶다고 해서 또 먹으러 가게 되었다, 같은 얘기요. 정말 일어날 수 있는 일인가 싶으시겠지만, 일본이라면 충분히 있을 수 있는 일이랍니다.

*카레 루 : 카레를 만들 때 사용하는 고체 타입 카레 엑기스.

일본 카레의 역사는 바다 위에

카레는 원래 인도 향신료를 쓰는 음식인데, 일본에서는 영국을 통해 들어온 음식이었기 때문에 처음엔 양식집에서 먹는 것이었어요. 지금처럼 서민적인 음식은 아니었고, 양식집에서도 고급 메뉴로 팔았었죠.

카레는 일본 해군에서도 먹게 되었어요. 그건 영국 해군이 카레를 먹는 걸 따라 한 것인데요, 카레는 '영양소 풍부', '간편 조리', '맛있음'이라는 특징이 있는 음식이었기 때문에 해군에서 메뉴로 채택했습니다. 당시 일본 해군 중 영양 결핍으로 병에 걸리는 사람들이 많았고, 카레는 그런 상황을 해소하기에 좋은 음식이라고 생각했다고 해요. 카레 향신료는 신진대사를 촉진하기 때문에 더위와 추위를 모두 버텨내야 하는 해군에게 딱 맞는 음식이었거든요.

이렇게 카레를 먹은 군인들이 제대한 후 각 가정에서도 카레를 계속 만들어 먹게 되면서 일본 전국에 카레가 보급되기 시작했어요. 참고로 해군이 카레를 먹는 습관은 아직까지 남아, 매주 금요일마다 카레를 먹어요. 긴 해상 근무 중에도 요일 감각을 잊지 않도록 하기 위해서라고 합니다. 이제 일본에서는 해군 카레가 맛있다는 소문이 나서 일종의 브랜드로 굳어졌고, '레토르트 해군 카레'나 '해군 카레 맛집'도 나왔답니다.

카레 역시 밥과 비비지 않고 따로 먹어요

앞서 돈부리를 소개했을 때 일본인들은 음식을 비벼 먹지 않는다는 얘기를 했었는데요, 카레 역시 비벼 먹지 않아요. 제 주변에서 카레를 비벼 먹는 일본인은 열 명 중 한 명 있을까 말까 합니다. 물론 개인차, 그리고 지역차가 있지만 도쿄에서 쭉 산 저로서는, 초등학교 급식 시간에 카레를 비벼 먹는 친구들에게 주의를 주는 친구들도 있을 정도였거든요.

한 설문조사에 따르면 카레를 비벼 먹지 않는 가장 큰 이유는 "예쁘지 않으니까"였습니다. 그 뒤로 "카레 본래의 맛이 변하니까"라는 의견이 뒤따랐고요. "카레는 잘 비벼야 맛있는 거 아닌가?"라고 생각하는 분도 있을 것 같은데요. 일본인들 사이에서는 어디까지나 그런 생각은 소수파예요. 일본에서 카레는 비비지 않고 그냥 먹을 것을 고려해서 카레 소스의 농도를 조절하는데, 비비면 밥의 수분이 카레에 섞어버려서 계산된 카레의 맛이 바뀐다고 해요. 이렇게 과학적이고 논리적인 근거를 생각할 만큼 카레에 누구보다 진심인 일본! 일본에서 자주 먹는 카레들을 지금부터 소개해 드릴게요.

무엇을 사도 실패 없는 카레.
시판 제품도 오케이입니다.

menu

**일본 카레의
기본 중의 기본**

일본 라멘(108p)에 '쇼유(간장), 미소(된장), 시오(소금)'라는 기본 맛이 있듯, 카레에는 '비프(소), 포크(돼지), 치킨(닭)'이라는 기본 맛이 있어요. 맛의 차이라기보다 카레에 넣는 고기 종류의 차이라고 할 수 있는데요. 아무래도 고기가 달라지면 맛도 달라질 수밖에 없죠. 참고로 일본인들이 집에서 먹는 카레의 기본 맛은 지역에 따라 경향이 나뉜대요. 일본 동부에서는 '포크카레 ポークカレー', 일본 서부는 '비프카레 ビーフカレー'를 주로 해 먹는다고 해요. 재밌는 현상이죠.

한국 카레와 비교하면, 일본 카레는 전반적으로 맛이 진하고 색깔도 진한 밤색을 띱니다(제가 한국에서 먹은 카레는 노란색에 가까운 게 많더라고요). 일본 카레는 식감도 더 걸쭉한데요. 원래 배 안에서 해군들이 먹는 음식이어서, 배가 흔들려도 안정적으로 먹을 수 있도록 밀가루를 넣어 걸쭉하게 만들었기 때문이라고 합니다. 지금도 일본 카레에는 그런 흔적이 남아 있는 것 같아요.

카레는 인도 요리의 이미지가 있지만, 앞서 소개한 대로 일본에서 카레는 영국을 통해 들어온 음식이기 때문에 양식(유럽풍)의 이미지가 있습니다. 그래서 시중에 파는 일본 카레를 보면 유럽의 분위기가 느껴지는 것이 적지 않아요. '유럽풍 카레'의 정의가 딱 존재하는 건 아니지만, 레스토랑에서 나오는 것처럼 세련된 느낌의 카레 정도로 생각해주시면 될 것 같아요. 도쿄의 카레 격전지인 '진보쵸神保町'에서 가장 유명한 카레 맛집 '본디 Bondy'의 카레 또한 프랑스 요리의 요소를 살려서 만든 유럽풍 카레입니다. 유럽풍 카레는 일본에서 가장 기본적인 카레 장르 중 하나예요.

카레는 특별해

일본 카레에 기본적으로 들어가는 재료는 양파와 감자, 당근 등으로 한국과 비슷해요. 다만 아주 오래 끓여서 건더기가 없게 끓이기도 한답니다. 버섯이나 해산물을 넣기도 하고요. 가지와 토마토를 넣은 '여름 야채 카레'도 인기예요.

일본에는 맵고 자극적인 음식이 드문데, 카레는 몇 안 되는 일본의 대표적 매운 음식이에요. 그런 의미에서 봤을 때 카레는 일본인에게 특별하고 귀중한 음식이라고 할 수 있겠네요.

도쿄 카레 격전지 진보초에서
최고의 맛을 자랑하는 유럽풍 카레 맛집 'Bondy'

menu

특별한 소스의 이색 카레

키마카레
キーマカレー
나왔습니다

키마카레는 다진 고기로 만든 카레인데 소스에 수분이 적은 것이 특징이어서 '드라이카레 ドライカレー'라고 부르기도 합니다. 다진 고기와 어우러진 향신료의 풍미가 입맛을 돋워요. 일본에서는 기본적인 카레 장르로 유명하고 개인적으로 너무 좋아하는 카레인데요, 한국에서는 보기 좀 힘든 카레인 것 같아요. 저장하기도 편리해서 레토르트 카레 중에도 맛있는 키마카레가 많이 나온답니다.

키마카레(드라이카레)가 유명한
'카페 아이티 カフェハイチ'

menu

신선함을 한가득 떠먹자

수프카레는 홋카이도 '삿포로札幌' 지역의 명물 카레입니다. '수프'라는 말 그대로, 일반적인 카레보다 수프처럼 묽은 카레 루에 야채가 잔뜩 들어있어요. 홋카이도는 해산물이나 유제품이 맛있기로 유명한데 채소도 정말 신선하고 맛있거든요. 수프카레는 그런 홋카이도 채소의 맛을 제대로 살려서 만든 카레입니다. 일본 전국에도 알려져 있고, 서울에도 전문점이 생긴 걸 본 적 있어요. 수프카레 본고장인 삿포로에 가게 되면 꼭 드셔보세요!

수많은 수프 종류와 토핑을 골라 먹을 수 있는 긴자 수프카레 맛집 'Yellow Spice'

menu

보기도 좋고 맛도 좋은

> 스파이스카레
> スパイスカレー
> 나왔습니다

스파이스카레는 그리 오래된 카레는 아니에요. 몇 년 전, 오사카 쪽에서 새로 생긴 카레 종류인데 취급하고 있는 곳이 전국적으로 늘어나고 있어요. 어떤 카레냐면, 향신료(스파이스)를 자유롭게 배합해서 만드는 카레랍니다. 정의가 약간 애매하죠. 보통 인도 카레는 향신료의 기본 배합이 정해져 있고 조리 과정도 규칙을 따라야 하는데요, 일본의 스파이스카레는 그런 틀을 깬 카레입니다.

일본인이 너무나 카레를 좋아한 나머지 도전적인 스파이스 재료의 배합이나 조리법을 연구하는 사람들이 많아지면서 생겨나게 된 것 같아요. 그런 사람들이 만드는 카레이니 맛도 스타일도 가게마다 다양하고요. 요즘에는 두 가지 이상의 색다른 카레를 한 접시에 예쁘게 담은 스파이스카레가 유행인데요. 시선을 단번에 사로잡는 비주얼로 인스타그램 등 SNS에서 주목받고 있습니다.

이제까지 제가 먹은 스파이스카레는 인스타그램 해시태그 '#nemo스파이스카레'로 검색하면 볼 수 있습니다. '스파이스'카레라고 해서 혹 매운맛 카레라고 오해하는 분들이 종종 있는데요, 꼭 그렇지는 않아요. 물론 향신료 때문에 조금 자극적일 수는 있으나, 제 경험상 순한 맛이 많은 것 같습니다.

치킨카레와 날마다 다른 카레를 한 접시에 먹을 수 있는 'piwang'

다양한 스파이스카레가 궁금하다면 인스타그램 해시태그 '#nemo스파이스카레'를 검색해주세요!

menu

**좋아하는 것에
좋아하는 것을 더한**

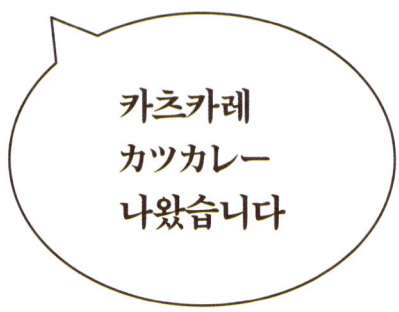

카츠카레
カツカレー
나왔습니다

일본인은 카레도 톤카츠도 정말 좋아해요. 그래서 둘을 합친 '카츠카레'도 당연히 인기가 많은 메뉴입니다. 일본에서는 카레를 그냥 먹지 않고 토핑을 추가해서 먹는 경우가 많아요. 카츠카레, 함바그카레, 고로케카레, 카라아게카레, 낫토카레, 날달걀카레 등 토핑만 해도 수많은 종류가 있답니다. 제 생각에 이렇게 토핑을 얹어서 먹는 카레 중 가장 인기가 많은 게 카츠카레가 아닐까 싶어요.

보통 카츠카레의 톤카츠에는 톤카츠소스가 뿌려져 있지 않아요. 밥 위에 얹은 톤카츠와 바닥에 깔린 카레를 같이 먹죠(카레를 소스 삼아 먹는 것이죠). 카레 맛이나 톤카츠의 스타일은 가게마다 굉장히 다른 편이라, 여러 맛집을 다니며 맛을 비교하는 재미가 있어요. 저는 카츠카레는 카레와 톤카츠의 밸런스가 중요하다고 생각하는데요. 카레만 맛있는 집, 혹은 톤카츠만 맛있는 집은 많더라도 '카츠카레가 맛있는 집'은 의외로 많지 않은 것 같아요. 그래서 카츠카레 맛집을 추천하는 건 좀 어려운 일이기도 합니다. 하지만 그래서 맛있는 카츠카레를 발견하면 더더욱 기쁜 것 같아요.

톤카츠와 카레의 궁합이 절묘한
신주쿠산초메 맛집 '지에스지-에스'

menu

**간편하지만
맛은 알차다!**

일본에서는 2017년 레토르트카레의 판매량이 루 형태의 카레 판매량을 뛰어넘었어요. 그만큼 레토르트카레의 인기가 거센데요. 맛있는 레토르트카레가 확실히 많이 늘어났습니다. 전보다 고급화된 상품이 많이 출시되고 있고요(보통 레토르트카레는 100~250엔 정도가 많았는데, 요즘에는 300엔 이상도 보이더라고요). 그때그때 유행하는 독특한 맛의 신제품이나 '유명 맛집의 카레 맛을 재현하는 시리즈'도 잇따라 나오고 있어요. 핫한 카레 맛집은 몇 시간이나 줄을 서서 기다려야 하는데, 그런 카레를 집에서 쉽게 먹을 수 있게 만들었으니 인기가 많을 수밖에요. 아무리 카레를 좋아한다고 해도 웨이팅 시간은 부담이잖아요. 일본에 오신다면 구매해보셔도 괜찮을 것 같습니다.

유명 맛집의 카레를 줄 서지 않고
바로 우리 집으로!

네모가 추천하는 레토르트카레!

1. **킨노 비프카레** 金のビーフカレー / 세븐일레븐

웬만한 카레집보다 맛있는 레토르트카레. 저는 이 카레보다 맛있는 카레를 파는 집이면 맛집으로 인정해요.

2. **카레 마르쉐** カレーマルシェ / House

버섯이 풍부하게 들어간 유럽풍 카레

3. **긴자카리** 銀座カリー / 明治

일본 레토르트카레 중 최고 수준이라고 소문난 상품이에요. 1930년에 판매가 시작된 시판품 카레 루 '긴자카리'의 맛을 복원해서 판매하는 카레입니다. 데미글라스소스 맛이 나는 영국식 카레로, 양파가 많이 들어 있습니다.

1.

2.

3.

4. 산고쇼 쇼난 드라이카레 珊瑚礁 湘南ドライカレー
〔 **유명 맛집 시리즈** 〕/ S&B

가장 좋아하는 카레 중 하나입니다. 실제 가게는 카마쿠라시 '시치리가하마 七里ガ浜'에 있어요.

5. 만다라 버터치킨 카레 mandara バターチキンカレー
〔 **유명 맛집 시리즈** 〕/ S&B

토마토와 버터의 깊은 맛이 인상적인 카레. 전혀 맵지 않아요. 실제 가게는 도쿄 카레 격전지인 '칸다 神田'에 있어요.

6. SPICY CURRY ROKA(魯珈) 호준 치킨카레 芳醇チキンカレー
〔 **유명 맛집 시리즈** 〕/ House

스파이스카레의 초인기점. 도쿄에서 가장 대기 시간이 긴 맛집의 맛을 재현한 카레예요. 실제 가게는 도쿄 '오오쿠보 大久保'에 있어요. 직접 방문하면 몇 시간이나 기다려야 하니 우선 레토르트카레로 도전해 보는 걸 추천합니다.

4.

5.

6.

nemo's dessert

알록달록 다양한 맛

앙미츠
あんみつ

앙미츠를 드셔보신 적 있나요? 사진을 보시면 비주얼은 파르페 같기도 하고, 알록달록 예쁩니다. 일본에서는 후식으로 종종 먹곤 하는데 아직 한국에서는 잘 알려지지 않은 것 같아요.

앙미츠를 소개하려면 우선 '미츠마메 みつ豆'부터 설명해야 합니다. 미츠마메란, 붉은 완두콩(아카엔도마메, 赤えんどう豆)에 네모나게 자른 한천(우뭇가사리)과 각종 과일, 그리고 모찌(떡)를 넣은 것입니다. 여기에 '흑밀 黒蜜(흑설탕을 녹여서 만든 시럽)'을 뿌려 먹는 달콤한 디저트죠. 이 미츠마메에 앙코(팥소)까지 더하면 비로소 앙미츠가 됩니다. 즉 앙미츠는 미츠마메의 일종인데요, 실제로는 미츠마메보다 앙미츠의 인지도가 더 높고, 식당에서도 앙미츠를 파는 곳이 훨씬 많아요.

앙미츠는 계절 상관없이 사시사철 먹을 수 있지만, 차게 해서 먹는 음식이라 그런지 여름에 자주 먹는 편입니다. 여름이 오면 동네 마트나 편의점에서 컵으로 된 앙미츠도 팔죠.

생크림이나 아이스크림을 토핑으로 올리면 '크림앙미츠 クリームあんみつ', 말차 맛 당고나 말차 아이스크림을 토핑으로 올리면 '맛차앙미츠 抹茶あんみつ', 과일을 많이 토핑하면 '후르츠앙미츠 フルーツあんみつ' 등 다양한 베리에이션이 있습니다. 이렇게 보니 더욱더 일본식 파르페 같네요.

아사쿠사浅草, 가마쿠라鎌倉, 교토京都 등 예스러운 분위기가 잘 살아 있는 관광지 매장에 가면 앙미츠를 쉽게 볼 수 있습니다. 또한, 제대로 된 일식집에서 앙미츠를 후식 메뉴로 내놓기도 해요. 아주 일본다운 후식이니 기회가 있으면 한 번 도전해보세요.

앙미츠는 파르페처럼 생겼어요.

마트나 편의점에서 파는 '컵 앙미츠'

일본 와가시집에서 만드는 전통식 한천

**table
no.11**

輕洋食

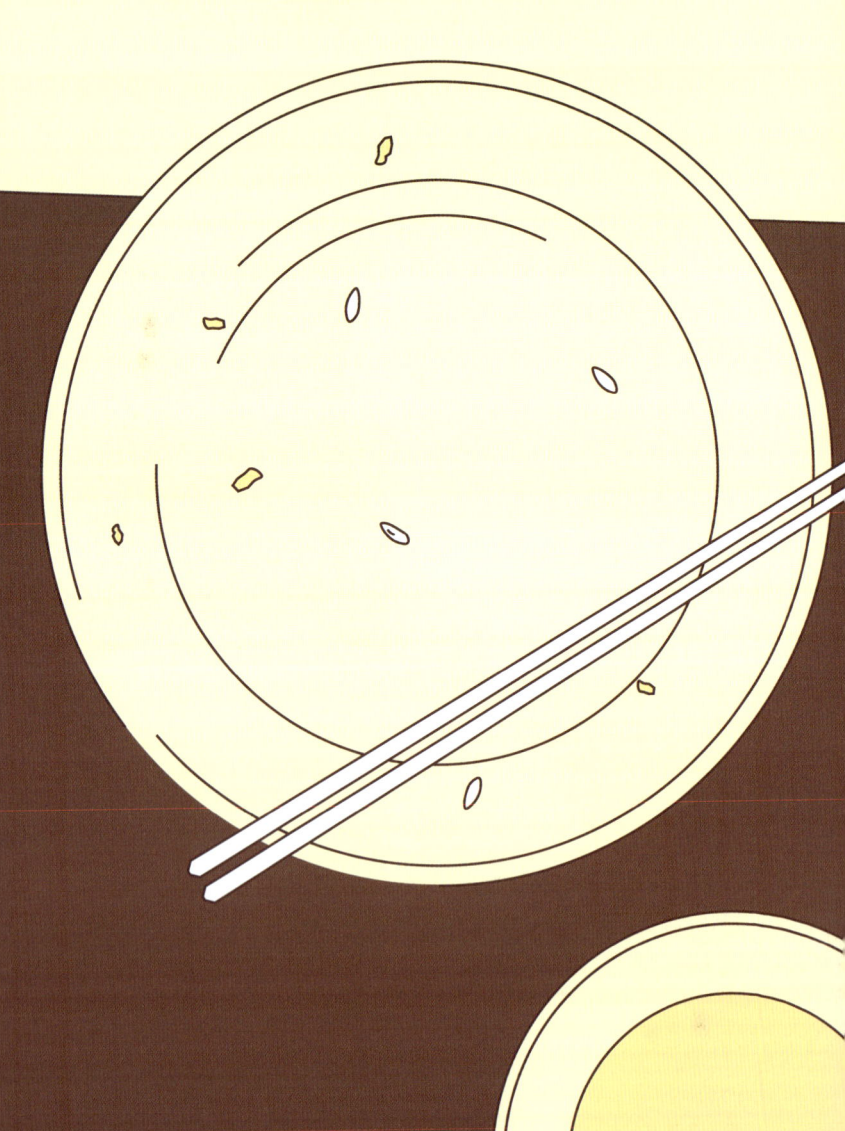

nemo's memo

옆 테이블 네모로부터

경양식,
알고 먹으면
더 맛있어요!

일본은 외국에서 들어온 문화를 나름대로 일본인 취향에 맞게 변화시키는 걸 좋아하는 나라예요. 음식 또한 그렇게 발전해왔다고 느끼는데요, 특히 일본화된 경양식 메뉴가 참으로 많습니다. 톤카츠, 함바그, 오므라이스 등 생각보다 많은 메뉴가 뿌리는 서양에 있으나 일본 현지화를 거쳐 지금은 일본을 대표하는 메뉴로 자리 잡았죠. 카레도 그렇고요.

지금까지 일본의 전통 음식들을 많이 소개했다면, 이번 테이블은 외국에서 들어왔지만 어느새 일본인들에게 마치 자기 나라의 음식처럼 사랑받고 있는 음식들을 소개해볼까 해요.

아무래도 현지화가 되기까지의 비하인드 스토리들이 있으니 흥미진진한 이야기가 많은 것 같아요. 차근차근 맛있는 경양식 이야기를 들려드릴게요!

menu

**일본인이 사랑하는
경양식 No.1**

톤카츠는 한국인도 자주 먹는 음식이죠. 돼지고기에 밀가루와 날달걀, 빵가루 튀김옷을 입혀 튀겨낸 경양식입니다. 일본어로 '카츠かつ'는 고기류를 튀긴 음식을 일컫는 호칭이에요. 만약 닭고기를 튀겼다면 '치킨카츠 チキンカツ', 소고기면 '비후카츠 ビーフカツ (혹은 규카츠 牛かつ)'라고 부를 수 있어요.

톤카츠는 원래 프랑스의 '커틀릿 côtelettes'이 일본 현지화된 음식으로, 아직도 오래된 경양식집에서는 커틀릿의 일본식 발음인 '카츠레츠 カツレツ'라고 부르기도 해요. 일본은 야키니쿠(228p)가 그랬듯 소고기를 중심으로 고기 요리가 발달해서 돼지고기 요리가 많지 않아요. 그중 톤카츠는 일본의 대표적인 돼지고기 요리라고 할 수 있겠습니다.

돈가스와 톤카츠

한국에서도 돈가스는 '추억의 맛'이라고 할 수 있는 만큼 사랑을 받는 음식으로 알고 있어요. 여기서는 소위 '한국식 돈가스(옛날 돈가스, 왕 돈가스)'와 '일본식 톤카츠'를 구별하기 위해, 실제 발음과 가깝게 '돈가스=한국식'과 '톤카츠=일본식'으로 표기할게요.

한국에서 돈가스를 먹어본 결과, 톤카츠와 비교했을 때 고기가 얇은 편이고 지방이 적은 게 특징이었어요. 케첩과 데미글라스소스를 섞은 소스를 뿌리고, 한 접시 위에 돈가스와 밥, 양배추 등을 함께 얹어 나오죠.

반면 톤카츠는 고기를 두껍게 썰고 지방을 굳이 빼지 않고 같이 튀겨요(톤카츠의 지방을 좋아하는 일본인이 많거든요). 소스는 톤카츠소스를 뿌려서 먹어요. 톤카츠소스란, 우스터소스(각종 채소나 과일에 식초, 설탕, 향신료를 넣어 숙성시킨 조미료)를 더 진하게 만든 것이에요. 도쿄 긴자 지역에 점포를 두고 있는 톤카츠 맛집 '긴자 바이린 銀座梅林'이 우스터소스보다 더 톤카츠에 잘 맞는 소스를 만들고자 하여 개발한 것이 지금까지 오게 되었다고 해요.

톤카츠는 고기뿐만 아니라 튀김옷의 바삭바삭한 식감도 맛의 결정적 요소로 여겨요. 그래서 튀기는 방법과 튀김옷에 신경을 많이 쓴답니다. 톤카츠를 드실 때 튀김옷의 식감에 주목하여 맛봐주세요.

보통 일본 톤카츠집에서는 돼지고기 등심 부위인 '로스ロース'와 안심 부위인 '히레ヒレ' 중에서 고기 종류를 고를 수 있어요. 느끼한 걸 싫어하는 분들은 히레를 고르는 경향이 있어요. 그런데 어디까지나 제가 생각하는 톤카츠의 이미지일 수 있지만, 톤카츠의 기본은 로스이고, 맛있는 로스는 지방도 느끼하지 않게 먹을 수 있다고 생각해요.

브랜드 돼지고기를 사용하면
톤카츠 맛의 차원이 달라진대요

톤카츠를 좋아하는 사람에게 꼭 알려주고 싶은 톤카츠 이야기가 있어요. 일본에서는 몇 년 전부터 브랜드 돼지고기로 만든 톤카츠가 유행하고 있어요. '브랜드 돼지고기'를 한마디로 정리하기엔 꽤 여러 종류가 있긴 하지만, 일반적으로는 사육 단계부터 잘 관리하고 좋은 먹이를 주고 정성껏 키운 고급 돼지고기를 말합니다. 브랜드 돼지고기를 사용하면 확실히 기존의 톤카츠와는 맛이 다른데요. 톤카츠 팬 중에는 "여기는 하야시 SPF 돼지고기 톤카츠를 먹을 수 있는 집이네!" "오~ 킨카부타의 톤카츠를 먹을 수 있다니 특이하다!" 이런 식으로 브랜드 이름까지 기억하는 사람들이 나오고 있어요.

등심으로 만든 로스카츠와

안심으로 만든 히레카츠

일반적인 일본 톤카츠 가격대는 1000엔 전후가 평균인데, 브랜드 돼지고기 톤카츠의 가격은 2000엔 이상인 경우도 많아요(한국 돈으로 2만 원이 넘어가죠). 가격이 두 배 이상 차이나더라도 브랜드 돼지고기로 톤카츠를 만드는 맛집은 손님들이 늘 줄을 서서 기다릴 만큼 북적북적해요. 아무래도 유통되는 양에 한계가 있기 때문에 가격은 상당히 비싸지만 육질이 정말 좋거든요. 또한 요즘 미쉐린 가이드에 선정된 식당들이 속출하면서 더욱 인기를 끌고 있는 것 같네요.

이런 육질이 좋은 브랜드 돼지고기 톤카츠를 먹을 때는 톤카츠소스가 아니라 천연 소금에 찍어 먹는 걸 추천해요. 천연 소금은 톤카츠소스보다 톤카츠 본래의 맛과 식감을 해치지 않고, 고소한 맛을 돋보이게 해주는 게 장점이죠. 저는 그래서 톤카츠는 소금에 찍어 먹고, 같이 나오는 채 썬 양배추는 톤카츠소스를 뿌려 먹는 걸 좋아합니다. 브랜드 돼지고기 톤카츠 맛집에서는 몇 가지 천연 소금 종류를 준비해놓아서 맛을 비교하며 취향껏 먹을 수 있는 곳도 있어요.

브랜드 돼지고기

원하는 맛을 찍어 먹으면 톤카츠의 풍미가 up!

규카츠 牛かつ의 진실

일본에서 먹고 싶은 음식 중 하나로 '규카츠'를 얘기하는 한국 분들을 많이 보았어요. 규카츠는 소고기를 돈가스처럼 튀겨먹는 음식을 뜻하는데요. 규카츠 맛집에서 줄을 서서 기다리는 사람을 보면, 역시 한국인이 많더라고요(한때 줄 서는 사람이 거의 한국인이었을 때도 있었죠).

제가 운영하는 인스타그램에는, 한국인 팔로워 님들께서 "맛있는 규카츠 맛집을 추천해주세요" 라는 문의를 많이 남겨주세요. 그런데… 저를 비롯하여 대부분의 일본인은 규카츠를 먹어본 적이 없답니다. 원래 일본에는 규카츠라는 메뉴가 없었기 때문에 규카츠 맛집 또한 있을 수가 없거든요.

한국인에게 유명한 일본의 규카츠 체인점들은 전부 요 몇 년 사이에 생긴 곳이에요. 모 규카츠 체인점의 캐치프레이즈가 "규카츠를 일본 식문화로 만든다 牛かつを日本の食文化にする" 인데요. 이건 즉, '이제까지 규카츠는 일본의 대중적인 음식이 아니었는데, 앞으로 새롭게 규카츠를 먹는 식문화로 만들자'는 말이죠. 사실 일본인들은, 소고기는 튀겨 먹는 것보다는 구워 먹는 것(야키니쿠나 스테이크 등)을 좋아해요. 튀겨 먹는 건 돼지고기(=톤카츠)라고 생각하고요. 규카츠 체인점에서 아르바이트를 하던 한국인에게서 들은 이야기인데, 그 규카츠집에 찾아온 일본인 중 3분의 2 정도가 "규카츠를 처음으로 먹었다"고 얘기했대요.

참고로 규카츠 체인점 중에는 '인젝션 비프(생고기가 아닌 가공육)'을 사용하는 곳이 있어요. 소고기를 튀기면 뻣뻣해서 먹기 힘들 수도 있기 때문에, 연화제가 들어간 부드러운 인젝션 비프를 쓰는 게 낫다고 얘기하죠. 인젝션 비프 자체는 옛날부터 식당에서 사용하던 고기라서 나쁜 것이 아닌데, 날것의 인젝션 비프를 손님들이 스스로 익혀 먹는 스타일인 경우엔, 잘 익히지 않으면 위생상 안 좋다는 의견도 있습니다.

한편, 일본에서도 고베神戶(오사카 이웃 도시)에는 소고기를 튀긴 카츠 요리인 '비후카츠ビフカツ(일본 고베식 비프커틀릿)'가 예전부터 경양식 메뉴로 존재해왔습니다. 그런데 고베식 비후카츠와 규카츠는 엄연히 다른 음식이에요. 비후카츠는 데미글라스소스가 뿌려져 있고 톤카츠 스타일에 더 가까운 메뉴에요. 고베는 항구 도시라서 서양 문화가 재빨리 들어오는 지역이었기 때문에 비후카츠 같은 음식도 생겨나게 되었답니다. 참고로 제가 고베에 사는 친구에게 규카츠를 아냐고 물어봤더니 이름조차 처음 들었다고 하더라고요.

아무튼 한국 여러분이 관심을 가져주시는 규카츠란 음식은 최근에 생긴 음식이며, 아직까지도 일본인들에게 낯선 음식이라는 것을 이해해주셨으면 해요. 물론 규카츠를 맛있게 먹는 건 좋은 일이지만, 그 음식의 배경도 이해하며 먹으면 더욱 좋지 않을까요.

menu

**어떤 소스와도
찰떡궁합을 자랑**

일본 경양식의 왕, 함바그. 한국에서는 '햄버그스테이크'나 '함박스테이크'로 표기하지만, 여기서는 일본의 경양식을 소개하는 것이니 일본식으로 '함바그'라 쓸게요!

요즘 한국에서도 일본식 함바그의 인지도가 높아지고 있다고 들었어요. 다진 소고기(혹은 돼지고기를 섞어서)와 잘게 썬 양파로 만든 고기 반죽에 빵가루와 달걀을 묻혀 둥글게 익힙니다. 한국 떡갈비보다는 둥글둥글한 모양이고, 두께가 더 있어요. 함바그 특유의 흘러내리는 육즙 때문에 한국분들이 좋아해주시더라고요.

세계적으로 보면 일본식 함바그보다 패스트푸드인 '햄버거' 스타일로 먹는 게 주류인 같은데요. 일본에서 함바그는 아이에서 어른까지 남녀노소 즐겨 먹는 대표적인 경양식이에요. 가정식으로도 자주 먹고, 도시락 속 인기 밥반찬이기도 합니다.

일본에는 가족끼리 편히 식사할 수 있는 '패밀리 레스토랑(화미레스, ファミレス)'이라는 서민적인 레스토랑 스타일이 있어요(한국의 패밀리 레스토랑보다 훨씬 저렴하고 캐주얼한 분위기예요). 패밀리 레스토랑에서 어린이들이 가장 좋아하는 인기 메뉴 역시 함바그입니다. 패밀리 레스토랑에는 어린이들이 좋아하는 음식들을 골고루 모아서 한 접시에 예쁘게 담은 어린이를 위한 런치 세트 '오코사마 런치 お子様ランチ'가 있는데요. 그 런치 세트의 메인 메뉴는 항상 함바그입니다. 일본인들은 이렇게 어렸을 때부터 함바그를 자주 먹고 자랐기 때문에, 어른이 되어도 함바그를 좋아하는 게 아닐까 싶어요.

'데미글라스소스 함바그'가 맛있는
지유가오카 경양식 맛집 'L'ATELIER+'

소스별 일본 함바그의 종류

데미그라스 함바그 デミグラスハンバーグ

일본 함바그의 기본 중 기본. 데미글라스소스를 뿌린 함바그로 경양식집에는 꼭 있는 메뉴예요.

테리야키 함바그 照り焼きハンバーグ

테리야키소스란, 간장에 미림과 맛술을 넣은 일식의 만능소스입니다. 보통 방어 같은 생선이나 스테이크 같은 고기류에 바르는 소스인데, 함바그에 뿌려 먹어도 맛있어요. 참고로 일본 맥도날드의 '테리야키버거'는 긴 역사를 가진 기본 메뉴인데요. 이것만 봐도 일본인들이 얼마나 테리야키소스를 좋아하는지 알 수 있어요.

와후 오로시 함바그 和風おろしハンバーグ

일본의 맛을 가득 느낄 수 있는 함바그. 테리야키함바그처럼 간장이 들어가지만 더 착하고 건강한 맛이에요. 무즙을 얹어서 내는 경우가 많습니다.

치즈 함바그 チーズハンバーグ

설명할 필요 없이 언제나 인기 만점인 함바그. 치즈를 얹은 함바그인데, 치즈가 함바그 안에 들어있는 스타일도 간혹 있어요. 소스는 보통 토마토소스나 데미글라스소스를 사용합니다.

토마토소스 함바그 トマトソースハンバーグ

말 그대로 토마토소스를 얹은 함바그. 일부 점포에서는 이탈리안 함바그라고 부르기도 해요(토마토 하면 이탈리아의 이미지가 있어서 그렇게 부르게 된 거죠). 집에서 토마토소스 함바그를 먹고 싶을 땐 간단하게 토마토케첩과 우스터소스를 섞어서 함바그에 뿌려 먹곤 했었어요.

레토르트 함바그 レトルトハンバーグ

일본 편의점이나 마트에서는 정말 다양한 레토르트 함바그를 팔아요. 냉동식품으로 나온 함바그는 조리하기 쉬운 음식이라 간편하게 해 먹기 좋죠. 편의점에서는 5분 정도 중탕하면 맛있게 먹을 수 있는 레토르트 함바그가 인기 상품인데요. 특히 일본 세븐일레븐에서 파는 '세븐골드 시리즈'의 함바그는 걸작이랍니다.

후쿠오카 함바그 福岡ハンバーグ

후쿠오카 함바그라고 불리는 함바그가 한국에서 유행했다고 들었어요. 함바그와 뜨거운 돌이 같이 나오는데, 그 돌 위에서 레어 상태의 함바그를 직접 익히는 스타일이에요. 후쿠오카 명물로 인지도가 높아진 것 같은데요. 사실 후쿠오카 함바그는 후쿠오카 향토 음식이 아니랍니다. 후쿠오카 현지인들은 후쿠오카 함바그를 먹어본 적이 없는 경우가 더 많아요. 마케팅을 잘해서 외국 관광객의 흥미까지 잡은 메뉴를 개발한 것이죠.

menu

황금빛 폭포가 차르르

오므라이스도 대표적인 일본 경양식이죠. 오믈렛 オムレツ으로 밥을 싸서 만든 오므라이스. 일반적으로 오므라이스의 밥은 닭고기와 양파, 밥을 함께 볶고 케첩으로 맛을 낸 '치킨라이스'를 사용해요. 짭조름한 '간장 볶음밥'이나 고소한 '버터 라이스'로 만드는 경우도 가끔 있고요. 달걀을 익혀 둥근 모양으로 밥을 싸서, 위에 취향대로 케첩을 뿌려주면 완성입니다.

오므라이스는 처음엔 경양식집 메뉴로 나왔지만 점점 집에서도 만들어 먹기 시작했어요. 케첩으로 하트 마크나 사랑하는 사람의 이름을 쓰는 사람도 많죠. 여러분도 해보셨나요?

요즘에는 밥을 그냥 싸서 내는 오므라이스가 아니라 새로운 스타일의 오므라이스가 인기인데요. 접시 위에 밥을 담고 그 위에 부드럽게 만든 오믈렛을 얹어, 먹기 전에 손님이 스스로 오믈렛 가운데를 갈라 흘러나온 달걀이 밥 전체를 폭 감싸는 오므라이스가 유행이에요.

이런 스타일의 오므라이스는 1980년대의 일본 영화 〈담뽀뽀 たんぽぽ(1986)〉에 등장했던 식당 '타이메이켄 たいめいけん'이 원조라고 해요. 타이메이켄은 실제 도쿄 니혼바시 日本橋 지역에 있는 노포 양식집인데요, 영화 상영 후 오므라이스 이름에 영화 제목을 따서 붙일 정도로 꾸준히 인기를 얻어 왔죠. 오므라이스 달걀이 흘러내리는 영상을 SNS에 올리는 게 유행할 정도로요(집에서는 만들기 좀 어려운 오므라이스인 것 같아요).

경양식집에는 오므라이스에 카레를 얹은 '오므카레 オムカレー', 데미글라스소스를 뿌린 '오므하야시 オムハヤシ', 스튜를 끼얹은 '오므시츄 オムシチュー', 치킨라이스 대신 볶음밥을 사용한 '오므차항 オムチャーハン', 밥 대신 야키소바를 사용한 '오므소바 オムそば' 등, 색다른 오므라이스 종류를 파는 곳도 있으니 마음껏 골라보세요.

'참치 오므라이스'가 소문난 유텐지 카페 'torse'

menu

**바삭한 튀김이
의외로 밥도둑!?**

고로케
コロッケ
나왔습니다

한국과 일본에서는 이름은 같아도 실물이 좀 다른 음식들이 있죠. 오뎅도 그렇고, 지금 소개할 고로케도 바로 그렇습니다.

일본 고로케는 으깬 감자 등에 밀가루, 빵가루, 달걀을 섞어 만든 얇은 튀김옷을 입혀 튀겨낸 음식이에요. 속 재료로는 감자 외에도 고기나 채소, 해산물 등 몇 가지 종류가 있는데요. 안에 크림소스가 들어간 '크림고로케 クリームコロッケ'도 있어요. 무엇이 들어갔든 실패 없이 맛있는 고로케는 서민들이 사랑하는 경양식 중 하나입니다. 일본에 경양식이 들어온 당시 톤카츠, 카레라이스와 같이 고로케도 '3대 경양식'으로 불렸다고 해요.

고로케는 보통 정육점에서 반찬으로 팔고, 집에서 가정식으로 만들기도 합니다. 정육점에서 판다니, 신기하죠? 한국 고로케와 또 다른 차이는 바로 밥반찬이 된다는 점이 아닐까 싶은데요. 일본인들은 고로케를 반찬으로 먹어요. 그래서 식당에는 '고로케 정식 コロッケ定食'이 있고, '고로케 도시락 コロッケ弁当'도 팝니다. 밥 이외에도 고로케 소바, 고로케 우동, 고로케 카레, 고로케 샌드위치, 고로케 빵… 정말 다양한 음식을 고로케와 같이 먹어요. 보통 고로케에는 우스터소스나 중농소스를 뿌려먹습니다. '중농소스 中濃ソース'란 우스터소스보다 좀 더 진하고 걸쭉한 소스인데요, 일본에서 튀김과 각종 양식에 많이 뿌려 먹어요. 고로케를 토마토케첩이나 간장과 함께 먹기도 합니다. 뭘 찍어 먹어도 맛있지만 저는 개인적으로 마요네즈와 간장을 뿌려서 먹는 게 좋더라고요.

또 일본식 고로케는 한국보다 튀김옷이 얇아요. 일본인 입장에서 봤을 때 한국식 고로케는 일본식 고로케와 전혀 다른 음식이어서 처음 먹었을 때는 깜짝 놀랐어요. 저는 한국에서 고로케를 먹을 때마다 식감이 일본 카레빵이나, 튀김빵 등 빵 종류 같다는 생각이 들었거든요. 아무래도 한국에서는 고로케를 밥반찬이 아니라 간식이나 안주로 먹어서 그런 것 같습니다.

함바그 맛집으로 추천했던 'L'ATELIER+'.
'게살 크림 고로케'도 맛있습니다.

menu

**바삭하고 고소해서
계속 생각나**

비주얼은 언뜻 고로케와 비슷해 보이나 고로케는 아니고, '카츠'라는 이름이 붙어 있지만 톤카츠와는 또 다른 경양식, 멘치카츠.

멘치카츠는 다진 고기를 튀긴 음식이에요. 다진 소고기나 돼지고기에 잘게 자른 양파, 소금, 후추 등을 넣고 둥글게 반죽한 튀김 요리입니다. 겉모습만 보고 고로케 맛을 떠올리셨던 분들은 실제로 맛을 보면 전혀 다르다는 것을 알게 될 거예요. 맛은 함바그를 톤카츠처럼 튀긴 것과 비슷한 느낌이랄까요. 고로케보다 좀 더 고기를 먹는다는 느낌을 받죠. 보통은 경양식답게 우스터소스나 중농소스를 뿌려서 먹는데, 고기 자체에 간이 잘 됐을 경우 소스 없이 그냥 먹기도 합니다.

고로케와 마찬가지로 일본인들은 멘치카츠 역시 밥반찬으로 먹어요. 그래서 경양식집에 가면 메뉴에 '멘치카츠 정식 メンチカツ定食'이 있고, 멘치카츠 도시락, 샌드위치, 햄버거 등 고기 패티 대신 멘치카츠를 사용한 다양한 요리들이 꽤 있습니다. 함바그도 먹고 싶고 톤카츠도 먹고 싶은 날, 멘치카츠로 결정해보는 건 어떨까요?

고난다 톤카츠 맛집 '아게후쿠'
여긴 멘치카츠도 맛있습니다.

menu
겨울이면 생각나는 맛

카키후라이는 일본식 굴튀김으로, 일본의 대표적 굴 요리예요. '카키 カキ'는 '굴', '후라이 フライ'는 '튀김'이라는 뜻입니다. 경양식이라기보다는 일식이라고 하는 게 맞을 것 같은데, 경양식집이나 톤카츠집에서도 쉽게 먹을 수 있는 메뉴라 자연스럽게 경양식 하면 연상되는 음식이에요. 굴은 겨울이 제철이라 기간 한정 메뉴(보통 9월~3월)로 파는 집이 많습니다.

카키후라이의 튀김옷은 톤카츠와 비슷한데요, 한국 굴튀김이나 굴전과 비교하면 좀 더 크고 식감이 탱글탱글한 편이에요.

카키후라이는 우스터소스와 타르타르소스를 뿌려서 먹습니다. 타르타르소스란 양파, 달걀, 케이퍼, 오이 피클 등을 넣은 마요네즈 베이스의 소스예요. 레몬 과즙도 같이 살짝 뿌려 먹으면 새콤달콤 맛있어요(소스도 경양식에 가깝죠?). 일본인은 이 또한 역시 밥반찬으로 먹고, 양식집이나 톤카츠집에서는 카키후라이 정식을 팝니다.

겨울 일본의 맛이 궁금하다면, 그 답은 카키후라이라고 말씀드릴 수 있겠네요.

일본 가정식 체인점 '오오토야'에서
겨울에 판매하는 카키후라이

nemo's dessert

여름을 부탁해, 일본식 빙수

한국에서 팥빙수를 먹는 것처럼, 일본에서는 '카키고리'를 즐겨 먹습니다. 기록에 따르면 11세기 일본 수필에 카키고리가 등장하는데요. 그 당시엔 귀족들이 천연 얼음을 깎아 카키고리를 만들어 먹었다고 합니다. 19세기 이후에 제빙 기술이 발달한 후 기계로 만드는 카키고리가 보급되었죠.

카키고리의 특징을 말하자면, 한국 팥빙수보다 훨씬 심플하다는 것입니다. 보통 카키고리는 곱게 간 얼음에 토핑 없이 시럽만 뿌린 것을 뜻해요. 일본의 여름 축제 기간이 되면 카키고리 노점이 많이 보이는데요. 노점에서도 대부분 시럽만 뿌린 심플한 카키고리만 팔아요. 가격은 개당 300엔(한국 돈 약 3000원) 정도로, 비싸지는 않지만 한국인 입장에서는 토핑 없는 빙수에 300엔이나 내는 건 좀 아깝다고 느낄 수도 있습니다. 참고로 사진에서는 작은 딸기 토핑이 조금 보이는데요. 이런 건 카페나 전문점에서 파는 비싼 카키고리입니다(1인분에 800엔이었어요).

토핑이 없는 대신, 시럽의 종류와 색깔이 다양해요. 빨간색은 '딸기 맛', 초록색은 '메론 맛', 노란색은 '레몬 맛', 파란색은 '블루 하와이'입니다. 이렇게 네 가지가 기본 시럽이에요. 이중 블루 하와이가 무엇인지 궁금해하실 것 같은데요, 칵테일 이름 같은 이 시럽은 일본에서 그냥 파란색 색소에 감미료를 넣은 시럽을 칭하는 말이에요. 가끔 복숭아 맛이 나는 블루 하와이도 있는데요, 아무래도 달고 시원한 이미지를 연상시키기 위해 이름과 색깔을 만든 것이죠. 몸에 좋을 것 같지는 않지만, 기본으로 많이 먹어요.

일본에는 가정에서 만들어 먹을 수 있도록 카키고리 기계(어린이들도 재미있게 사용해요)도 팔고, 마트에서 카키고리 시럽(코리미츠, 氷みつ)도 팔아요.

팥이 얹어 나오는 카키고리, 우지킨토키 宇治金時
앞서 카키고리는 토핑이 없는 것이 대부분이라고 말씀드렸는데요, 토핑을 얹은 것도 있긴 해요. 대표적인 것이 바로 '우지킨토키'입니다. 말차 맛 카키고리에 팥과 시라타마しらたま(찹쌀 새알심)를 얹어서 먹어요. 참고로 '우지宇治'란 말차

카키고리는 토핑보다 시럽 위주!

생산지로 유명한 교토 쪽 지명인데요. 일본 전국 어디에서나 우지킨토키라는 이름으로 팥이 들어간 말차 카키고리를 판매합니다. 말차 대신 호지차나 커피 맛으로 바꾸거나, 팥 위에 생크림을 얹는 등 다양한 버전의 우지킨토키가 있는데요. 토핑 없는 카키고리보다 훨씬 한국 팥빙수와 닮았습니다.

오로지 1인분의 카키고리
일본의 다른 음식들과 마찬가지로, 카키고리도 비벼 먹지 않고 그대로 떠먹는 음식입니다.

참고로 팥빙수를 나눠 먹는다는 것도 일본에는 없는 개념입니다. 일본 카키고리는 가게에서 먹을 때도 전부 1인분으로 나와요. 한때 한국 디저트 브랜드 '설빙'이 일본에 진출한 적 있는데요. 찌개처럼 팥빙수도 나눠 먹는 식문화에 당황한 일본인들이 많더라고요. 2인분 이상 나오는 한국 팥빙수는 가격이 비싸게 느껴져서 일본인들이 적응하기 어려웠을 수도 있고요(결국 나눠 먹으면 1인당 가격은 카키고리와 큰 차이 없지만 말예요). 도쿄 신오쿠보新大久保 등 코리아타운을 즐겨 다니는 일본인들은 팥빙수를 나눠 먹는 것에도 잘 적응한 것처럼 보입니다.

여름이 오면 카페나 식당에 '氷' 글자가 들어간 현수막이 붙습니다. 카키고리 판매를 알리는 광고예요.

마트에서 파는 가정용 카키고리 시럽, 코리미츠

진한 말차 맛의 우지킨토키

여름엔 편의점에서 파는 '컵 카키고리'. 우지킨토키 맛이 인기입니다.

table
no.12

日本式
中華料理

일본식 중국요리

nemo's memo

옆 테이블 네모로부터

> 일본식 중국요리,
> 알고 먹으면
> 더 맛있어요!

중국요릿집은 어느 나라에도 있는 것 같아요. 특히 한국과 일본은 중국과 가까운 나라이기 때문에 그 상황은 더욱 비슷한 것 같습니다. 동네마다 당연하게 중국집이 꼭 있고, 무슨 날이 아니어도 일상적으로 시켜 먹는 곳. 한일 양국의 식생활에 빼놓을 수 없는 음식점이라고 할 수 있죠.

하지만, 중국요릿집의 메뉴를 살펴보면 한일 양국에서 먹는 메뉴가 좀 다른데요. 한국에 '한국식 중국요리'가 있듯, 일본에도 '일본식 중국요리'가 있거든요. 우선, 일본 중국요릿집을 가면 한국처럼 짜장면과 짬뽕이 기본 메뉴가 아니에요. 메뉴에 짜장면이 있긴 하지만, 기본 메뉴라는 이미지도 아니고 주문하는 사람도 많지 않아요.

짬뽕은 어떨까요. 소위 한국식 짬뽕이라고 할 수 있는 빨간 국물의 매운 짬뽕은 일본에서는 볼 수 없답니다. 그리고 보통 일본의 짬뽕이라고 하면 나가사키짬뽕을 떠올리실 텐데요, 나가사키짬뽕은 주로 '나가사키식 중국요릿집'이나 전문점에서 파는 메뉴이기 때문에 일반적인 중국요릿집에서는 찾기 힘드실 수도 있습니다.

일본인은 평소에 짜장면이나 매운 짬뽕을 먹을 기회가 거의 없기 때문에, 한국에 가서 중국집 음식을 먹으면 신선하게 느끼기도 해요. 이번 테이블에서는 반대로 일본인들은 어떤 중국요리를 즐겨먹는지 소개해드리려고 해요. 일본에 오셨을 때 중국요릿집을 들르게 된다면 꼭 보게 될 기본 메뉴와 인기 메뉴를 알려드릴게요.

동네에서 흔히 볼 수 있는 중국집

menu

밥알이 고슬고슬

차항 チャーハン
나왔습니다

차항은 '중국풍 볶음밥'이에요. 한국분들도 중국집에 가면 볶음밥을 많이 시켜 먹는 것으로 알고 있는데요, 차항도 일본식 중국요리 중 가장 기본적인 메뉴라고 할 수 있습니다. 웍에 기름을 두르고 밥과 달걀, 햄, 베이컨, 새우나 게살, 파, 양파 등을 같이 볶아서 만들어요. 심플하게 간장이나 소금, 후추로 맛을 냅니다. 차항은 단품으로 먹기도 하지만, 다른 반찬과 세트로 먹는 경우도 많습니다. '차항 세트'라는 메뉴가 있어서, 라멘과 차항을 같이 먹는 사람도 있지요. 차항이 라멘의 사이드 메뉴의 역할을 해주는 거죠.

실은 중국요릿집 말고 일반적인 동네 식당 같은 곳에서도 차항을 팔고, 집에서 해 먹기도 합니다. 조리법이 간단해서 자취생이 해 먹는 요리 중의 하나로도 잘 알려져 있어요(한국인 자취생들이 간편하게 김치볶음밥을 요리해 먹는 것처럼요). 그만큼 일본 식생활에 많이 보급된 일본식 중국요리라고 할 수 있겠네요.

차항

menu

**담백함 속에
육즙이 한가득**

교자餃子
나왔습니다

교자는 일본식 '군만두'예요. 일본인에게 정말 인기가 많은 일본식 중국요리입니다. 일본에서 만두는 보통 군만두로 먹는 게 주류인데요, 이 군만두가 바로 교자예요. 물론 찐만두(무시교자, 蒸し餃子)나 만둣국(스이교자, 水餃子)등 다양한 스타일의 교자가 있지만, 그냥 교자라고 하면 일반적으로는 군만두를 가리킵니다. 교자는 중국에서 들어온 만두가 뿌리인데, 일본식으로 현지화된 음식이라고 할 수 있습니다.

교자는 다진 고기, 잘게 썬 양배추, 부추, 다진 마늘을 얇은 피로 감싼 뒤 구워서 만들어요. 포인트는 교자가 다 구워질 때쯤 물을 약간 붓고 팬에 뚜껑을 덮어서 뜨거운 공기와 수증기로 잠시 찌는 것입니다. 겉은 바삭하고 안은 촉촉하게 먹을 수 있어요. 마트나 편의점에서는 냉동식품, 냉장식품의 교자를 팝니다. '교자 전문 피'만을 따로 파는 마트도 있고, 교자를 만드는 과정이 재미있다고 해서 집에 모여 함께 교자를 빚는 '교자 파티'도 생겨났어요.

앞에서 소개한 대로 교자는 차항과 세트로 먹거나 그냥 공깃밥과 같이 먹기도 합니다. 간장에 식초와 고추기름을 입맛에 맞게 직접 제조하여 양념장을 만들고, 거기에 교자를 찍어 밥과 같이 먹어요. 한국인들에게는 신기하게 보일 수도 있을 텐데, 일본인들은 교자가 밥과 잘 어울린다고 생각해요. 일본에서는 탄수화물과 밥을 같이 먹는 식문화가 의외로 많다고 설명드렸는데, 교자도 그렇다고 볼 수 있죠. 참고로 한국 중국집에서는 군만두가 서비스로 나오기도 한다고 알고 있는데요, 일본 중국집에서는 교자를 공짜로 주는 데는 전혀 없습니다. 교자는 메인 메뉴, 또는 사이드 메뉴로 돈을 내고 먹어야 해요.

차항와 교자 세트. 일본인은 이것만 있으면 만족!   교자

menu

부드럽게 넘어가는 맛

앙카케야키소바
あんかけ焼きそば
나왔습니다

면요리 테이블에서 일본식 볶음면인 '야키소바(174p)'를 소개했었죠. 중국풍 야키소바인 앙카케야키소바도 중국요릿집에서 야키소바 못지않은 인기 메뉴예요. 앙카케야키소바는 볶음면의 일종인데, 면 위에 채소와 고기, 해산물을 녹말로 호물호물하게 조리한 소스를 얹은 음식입니다. 이런 소스를 일본어로 '앙 あん'이라고 하는데, '앙카케 あんかけ'라고 하면 '앙 소스를 얹은'이라는 의미가 됩니다. 야키소바 위에 앙을 얹으면 '앙카케야키소바', 차항(볶음밥) 위에 앙을 얹으면 '앙카케차항'이 되는 것이죠.

앙카케야키소바는 간장이나 소금 맛이 베이스인데요. 먹다가 중간에 식초를 뿌려서 새콤하게 맛을 바꿔도 좋아요. 일본 중국요릿집에선 기본 메뉴로 통하지만, 한국에선 거의 볼 수 없는 메뉴인 것 같더라고요. 개인적으로 앙카케야키소바를 무척 좋아하는데요, 제가 한국에 살 때 아무리 찾아봐도 이 메뉴를 찾을 수가 없었어요.

앙카케야키소바는 한국식 중국요리인 울면과는 맛이나 스타일이 다릅니다. 소스는 탕수육 소스처럼 호물호물한데 면은 반대로 꼬들꼬들 독특한 식감이기 때문에 익숙하지 않으면 호불호가 갈리는 음식인 것 같기도 합니다. 만약 새로운 맛을 찾고 있는 분이라면 앙카케야키소바를 추천합니다. 일본에 오셔서 기회가 되시면 꼭 도전해보세요.

앙카케야키소바. 식감이 신기해요.

menu

**날씨가 추워지면 생각나는
일본식 고기 찐빵**

> 니쿠망 肉まん
> 나왔습니다

니쿠망도 일본인이 참 좋아하는 중국 음식인데요, 특히 날씨가 추워지기 시작하면 너무나 그리워지는 음식이에요. 한국의 호빵처럼 편의점에서 사 먹을 수 있고, 차이나타운에 가면 길가에서 파는 가게를 볼 수 있어요.

일본 니쿠망은 돼지고기를 중심으로 잘게 자른 양파, 죽순, 표고버섯 등이 들어 있어요. 니쿠망이라는 호칭은 '니쿠만쥬 肉饅頭'의 줄임말입니다. '만쥬 饅頭(68p)'는 보통 일본에서는 팥소가 들어간 단것, 즉 디저트라고 생각하지만, 원래는 이렇게 고기를 싼 음식을 뜻했었죠. 한국에서 먹는 고기만두와도 다르니 일본에서 니쿠망을 드실 때 자칫하면 헷갈릴 수도 있어요. 만약 한국식 만두를 먹고 싶은 거라면, 니쿠망이 아니라 교자를 시키면 됩니다. 찐빵, 호빵류가 먹고 싶다면? 니쿠망을 시키면 돼요!

참고로 오사카 등 일부 간사이 지방에서는 니쿠망을 '부타망 豚まん'이라고 부릅니다. '부타 豚'는 돼지라는 뜻인데요, 원래 간사이 지방에서는 고기라고 하면 주로 소고기를 일컬었기 때문에 돼지고기가 들어있는 찐빵은 따로 부타망이라고 구분해서 부르게 되었어요. 오사카에 있는 중국요리 체인점 '551호라이 551蓬莱'의 부타망은 오사카를 대표하는 명물로 정말 정말 맛있으니 꼭 한번 드셔보세요.

니쿠망 이외에도 앙망 あんまん(팥소가 들어간 팥호빵), 피자망 ピザまん, 카레망 カレーまん 등 다양한 찐빵이 있습니다. 해마다 유행하는 음식이 소로 들어간 기한 한정 찐빵이 나오는데 2018년에는 한국과 일본 양국에서 열풍이었던 치즈닭갈비가 속재료로 들어간 '치즈닭갈비망'이 나왔어요. 개인적으로는 스테디셀러인 세븐일레븐의 기본 앙망부터 차근차근 시작해보시길 추천할게요.

고기가 들어간 니쿠망, 또는 부타망

팥이 들어간 앙망

menu
촉촉한 탕수육이어도 괜찮아

수부타 酢豚 나왔습니다

일본식 '탕수육', 수부타가 나왔네요. 수부타는 소스가 따로 나오기도 하는 한국 탕수육과 달리 걸쭉한 소스가 고기나 채소에 잘 버무려진 상태로 나옵니다. 고기의 튀김옷은 한국 탕수육보다 얇고, 소스가 완전 스며든 상태로 나오기 때문에 한국 탕수육처럼 바삭한 식감은 없어요. 부드럽고 끈적한 식감이지요. 탕수육을 바삭한 맛에 먹는다고 하시는 분들께는 조금 아쉬운 소식일 수 있겠네요.

한국의 '짜탕 세트(짜장면+탕수육)'나 '짬탕 세트(짬뽕+탕수육)'처럼 기본 메뉴와 함께 먹는 습관도 없습니다. 한국에서는 탕수육을 공용메뉴로 생각하는 경우가 많죠. 가끔 수부타 소스에 파인애플이 들어 있기도 한데, 호불호가 많이 갈리는 편이에요.

수부타

menu

**얼얼하지만
멈출 수 없어!**

마보도후
麻婆豆腐
나왔습니다

마보도후를 한국말로 하면 '마파두부'입니다. 기본적인 레시피는 한국과 비슷한 것 같은데 일본 마보도후는 중국 향신료의 일종인 '화자오 花椒'를 듬뿍 뿌리는 경우가 많고, 먹으면 입이 바로 얼얼하게 마비되는 느낌이 들어요. 요즘 자극적인 마보도후가 일본에서 인기를 끌면서, 마보도후를 얹은 라멘도 동시에 유행하고 있어요.

두부가 아니라 가지를 마파 소스에 넣은 '마보나스 麻婆茄子'도 일본 중국요릿집의 기본 메뉴예요. 한국인도 좋아하는 화끈한 매운맛, 마보도후도 마보나스도 밥 한 그릇은 뚝딱이랍니다.

마보도후는 얼얼한데
중독성 강한 맛이에요!

menu

부드럽고
개운한 국물이 땡길 때

완탕 ワンタン
나왔습니다

완탕은 만둣국과 비슷한 음식이에요. 만두소보다 작은 소를 아주 얇은 피에 싸서 육수에 넣고 끓인 중국 음식입니다. 중국에서 '훈툰'으로 불리던 음식이 일본에 전해지고 현지화되면서 완탕이라는 이름으로 불리게 되었어요. 이것도 일본식 군만두인 '교자'나 일본식 딤섬 '슈마이 しゅうまい'와 함께 일본인이 좋아하는 기본적인 중국 음식이고, '완탕멘 ワンタン麺'이라고 해서 라멘에 완탕을 토핑으로 넣어 먹기도 해요. 국물은 간장, 즉 쇼유 베이스가 많습니다.

중국 훈툰 → 일본 완탕 → 한국 완당

부산에서는 완탕을 '완당'이라는 이름으로 팔더라고요. 남포동에 있는 '18번 완당'이 소문난 완당 맛집으로 유명하죠. 부산 완당은 일본의 완탕에서 건너가 이제는 부산 명물이 되었는데요. 국물의 맛은 일본에 비해 맑고 더 시원한 편인 것 같습니다. 부산에서는 완당에 고춧가루를 넣어 해장국 스타일로 먹기도 한다고 들었는데, 일본 완탕은 그렇게는 먹지 않아요. 하얀 국물로 즐겨주세요.

순한 맛으로 즐기는 완탕

menu

**새콤하고 매콤한
맛의 조화가 일품**

**에비치리
エビチリ
나왔습니다**

마지막으로 맛볼 중국요리, 에비치리입니다. 일본어로 새우를 '에비エビ'라고 해요. 새우에 새콤하고 매콤한 칠리소스를 넣고 볶은 요리로, 일본에서 유명한 중식 요리사가 중국의 '깐쇼새우'를 참고해 만든 일본식 중국요리라고 해요. 예전에는 일본인이 두반장의 매운맛에 익숙하지 않았기 때문에, 에비치리를 만들 때 대신에 케첩이나 달걀노른자로 만든 소스를 넣어 덜 맵게 만들곤 했어요. 그러다가 그 레시피가 대중적 인기를 끌게 되었고, 이제는 일본식 중국요리를 대표하는 음식 중 하나가 되었답니다. 마트에서 에비치리 소스를 쉽게 재현할 수 있는 인스턴트 소스도 팔아요.

새우를 쓰는 일본식 중국요리로는 에비치리가 가장 유명한 한편, 한국 중국요릿집에서 자주 먹는 '멘보샤(빵 사이에 다진 새우 살을 넣고 튀긴 중국요리)'는 일본에서 잘 알려지지 않았고 메뉴에 없는 경우가 많아요. 끝까지, 한국과 비슷하면서도 다른 점이 많은 일본의 식탁 풍경이네요.

에비치리, 맛있게 잘 먹었습니다!

nemo's dessert

겨울을 부탁해, 일본식 단팥죽

오시루코는 팥에 물을 넣고 달콤하게 끓여 만든 일본 디저트입니다. 비주얼은 한국 팥죽과 비슷하니 한국분들도 거부감 없이 좋아하실 것 같아요. 한국의 팥죽은 '죽'이지만, 오시루코는 죽이 아니기 때문에 쌀은 들어 있지 않아요. '모찌 もち(떡)'나 '시라타마 しらたま(찹쌀 새알심)'를 넣어 먹는데요, 모찌는 구워서 넣기도 해요. 팥의 단맛과 모찌의 쫀득하고 고소한 맛의 궁합이 절묘합니다.

오시루코는 비주얼은 팥죽과 비슷하지만, 맛도 꽤 달라요. 오시루코는 여러분이 생각하는 것보다 훨씬 단맛이 강할 거예요. 단 걸 좋아하는 분들은 맛있게 먹을 수 있겠지만 "저는 단 건 별로…"라고 얘기하시는 분들은 혹시 입맛에 안 맞을 수도 있으니 주의하세요. 반대로 저는 한국에서 팥죽을 먹었을 때 죽이라고 알고 있기는 했지만, '왜 단맛이 전혀 안 느껴지지?' 하고 생각했었어요. 팥죽보다 단 호박죽을 먹었을 때도, 단맛이 조금 더 강하면 좋겠다고 느꼈고요. 지금이야 그 맛에 익숙해져서 팥죽과 호박죽의 매력을 이해할 수 있게 되었지만요.

하여튼 오시루코는 당 떨어졌다 싶을 때 먹기 딱 좋은 음식입니다. 일본 디저트 가게나 일반 식당의 후식 메뉴로도 판매하는데, 주로 겨울에 볼 수 있어요. 겨울엔 자판기나 편의점에서 바로 먹을 수 있는 '캔 오시루코'도 나옵니다. 캔커피 옆에 나란히 진열되어 있죠. 캔 오시루코에는 떡은 안 들어 있지만, 의외로 맛이 괜찮아서 저는 종종 먹곤 해요. 마트에서 오시루코용 팥소를 사서 직접 만들어 먹어도 좋습니

네모가 집에서 직접 만든 오시루코

다. 만드는 법은 아주 간단해요. 팥소에 물을 넣고 끓인 다음 전자레인지로 데운 모찌를 넣으면 돼요.

그럼 오시루코는 겨울에만 먹는 음식인가 하면, 여름엔 '냉 오시루코'로 먹곤 해요. 솔직히 오시루코는 추운 겨울에 따끈하게 먹는 것이 가장 맛있지만, 얼음이 들어간 냉 오시루코도 여름에 시원하고 좋죠.

오시루코? 젠자이? 어떻게 다를까요
지역에 따라 오시루코를 '젠자이ぜんざい'라고 부르는 곳이 있습니다. 또한, 재료나 국물의 양에 따라 호칭이 달라지기도 해요. 아주 간단하게 정리해볼게요.

☞간토 지방(도쿄가 있는 동일본 지방)의 구분법
국물이 있으면 오시루코
국물이 없으면 젠자이

☞간사이 지방(오사카가 있는 서일본 지방)의 구분법
통팥으로 만들면 오시루코
으깬 팥으로 만들면 젠자이

※물론 통상적으로 오시루코라고 하면 대부분의 지역에서 통합니다.

유명 와가시집 '토라야虎屋'에서 파는 '냉 오시루코(여름 한정 메뉴)'

마트에서 파는 오시루코용 팥소

special table

> 일본에서
> 사랑받는
> 한국 음식

nemo's special

옆 테이블 네모로부터

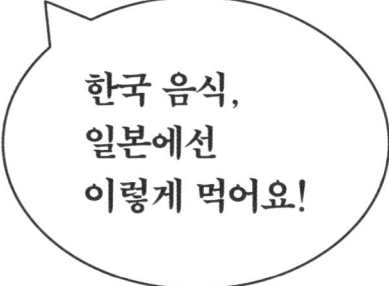
한국 음식, 일본에선 이렇게 먹어요!

마지막으로 테이블에 올리고 싶은 음식 장르는 일본인들이 너무나 사랑하는 한국 음식입니다. 앞서 소개한 일본식 경양식이나 일본식 중국요리처럼, 한국 음식도 일본풍으로 바뀐 것이 많아요. 게다가 한국 음식은 재일 한인분들이 옛날부터 지켜오고 있는 맛도 있어, 일본인들도 다른 나라의 음식보다 더욱 친숙하게 느끼는 것 같습니다. 거리도 가깝기 때문에 한국에서 유행한 음식이 바로 일본으로 들어오기도 하죠. 몇 년 전 한국에서 유행했던 치즈 닭갈비가 일본에서도 곧 유행한 것처럼요.

일본의 각 지방에는 독자적 축제, '오마츠리 お祭り'가 있어요. 오마츠리 때는 길가에 노점도 많이 생기고 여러 음식을 팔곤 해요. 보통 타코야키나 야키소바, 오코노미야키 등 일본식 분식류를 많이 팔지만, 최근엔 한국요리도 종종 볼 수 있게 되었어요. 제가 본 것만 해도 떡볶이와 호떡, 잡채 등이 있었답니다.

혹시 '잡채까지!?' 하고 생각하셨나요? 일본인은 간장 맛(쇼유)에 익숙해서 그런지 잡채가 입맛에 딱 맞는다고 해요. 일본에서 잡채는 '인기 한식 메뉴'입니다. 오마츠리 때 1인분 300~500엔(3000~5000원)으로 판매하는데, 한국인은 가격이 말도 안 된다고 느낄 수도 있을 것 같아요.

그런가 하면, 일본 마트에서도 한국 음식과 재료들을 많이 볼 수 있게 되었습니다. 일본 마트에는 간단하게 만들 수 있는 인스턴트 스타일의 한국 음식이 많아요. 일본인이 한국 음식을 처음부터 끝까지 요리하기엔 레시피도 잘 모를 때가 많고 한국 조미료도 다 갖추고 있지 않아 어렵기 때문에 그런 것 같아요. 신라면이나 한국 김은 물론, 즉석 김치찌개, 순두부, 삼계탕, 육개장, 곰탕, 비빔밥, 불고기까지 다양한 한식류를 볼 수 있습니다.

비주얼은 분명 한국 음식이지만, 일본에서 먹는 한국 음식은 또 차이점이 있습니다. 일부러 일본까지 오셔서 한국요리를 먹을 이유는 없을 수도 있지만, 그래도 일본에서 사랑받는 한국요리가 어떤 것인지 아는 것은 재미가 있지 않을까 합니다. 지금까지는 발음도 낯선 메뉴들이 많았다면, 이번엔 좀 더 편하게 공감하며 이야기를 즐겨주세요.

한국 음식은 제가 개인적으로 가장 좋아하는 음식이기도 해요. 보다 마음을 담아 소개해드릴게요!

한식과 한류 문화의 성지,
도쿄 '신오쿠보 新大久保'

일본 마트에서 파는 즉석 한식

김치 キムチ

일본 마트에서 '츠케모노 漬物(일본식 채소절임, 64p)'를 파는 코너에 들르면 가장 눈에 띄는 상품이 바로 김치입니다. 최고 인기 상품이라고 하는데, 전체 판매량의 약 25% 정도 된다고 하니 어마어마하죠?

일본에서 만든 김치는 예상하셨겠지만 별로 맵지 않고 많이 달아요. 물론 김치가 한국 음식이라는 건 모든 일본인이 알고 있는데요, 일본 식품회사에서 만든 김치는 본고장인 한국의 맛보다 '맛을 일본풍으로 바꿨다'는 걸 더 강조하는 편이에요. 한국 김치는 매워서 못 먹을 수도 있다는 소비자 심리를 고려한 마케팅이죠.

이렇게 일본인 입맛에 맞춘 김치는 포장에 창의적인 김치 레시피를 함께 소개하기도 해요. 김치를 일본요리에 어떻게 접목할 수 있는지 어필하기 위함인데요, 아마 한국에서는 본 적 없는 김치 레시피도 많을 거에요. 낫토나 샐러드와 김치를 함께 먹는 요리라든지 말이에요.

물론 여러분에게 익숙한 레시피도 있는데요, 한식당뿐만 아니라, 일반 식당이나 편의점에서 팔기도 해요. 메뉴는 아래와 같습니다.

찌개나베 チゲ鍋

직역하면 '찌개전골'. 일본에서 먹는 '김치찌개'입니다.

부타김치 豚キムチ

'돼지고기 김치 볶음'. 제육볶음과 비슷하기도 한데, 역시 일본식으로 바뀐 음식인 것 같아요. 일본인들에겐 '부타김치 맛 = 한국의 맛'이라는 인식이 있습니다.

김치차항 キムチチャーハン

일본에서 만들어 먹는 '김치 볶음밥'이에요. 집에서 해 먹습니다.

야키김치우동 焼きキムチうどん

'김치 볶음 우동'. '야키우동焼きうどん'에 김치를 넣어 먹으면 맛있다고 해서 만들어진 음식으로, 지금은 대중적인 음식이에요.

냉면 冷麺

일본에서 냉면이라고 하면 대부분 '모리오카 냉면 盛岡冷麺'을 떠올립니다. 모리오카 냉면은 함흥 출신인 분이 어렸을 때 먹었던 함흥냉면을 일본에서 재현하여 지금은 독자적인 음식으로 정착한 것이에요. 이와테岩手현 모리오카盛岡시에서 탄생했기 때문에 모리오카 냉면이라고 불러요.

한국에서는 고기를 다 먹고 난 뒤 냉면을 먹기도 하죠? 일본에서도 냉면은 야키니쿠(일본식 고기구이, 228p) 마무리로 먹는 음식이라는 이미지가 있어요. 일본에서는 야키니쿠를 한국요리라 생각하기 때문에, 후식 문화도 똑같이 따라온 것 같아요. 모리오카 냉면은 원래 메밀로 만든 쫄깃한 면이었지만 일본인의 취향에 맞게 메밀 대신 밀가루로 만든 하얀 국수가 되었어요. 지금은 쫄면 면에 더 가깝습니다. 일본 여행 온 한국인이 이 냉면을 먹으면 면발 때문에 위화감을 느끼기도 하더라고요.

닭한마리 タッカンマリ

어느 설문 조사에 따르면, '일본인이 좋아하는 한국요리 랭킹 1위'가 '닭한마리'라는 결과가 나왔다고 해요. 저도 제 일본 지인들도 모두 닭한마리를 좋아합니다.

그런데 닭한마리가 어떤 음식인지 잘 모르는 한국인도 의외로 많은 것 같아요. 특히 서울이 아닌 지역에 사는 사람에게는 인지도가 낮은 음식이더라고요. 조금 어색하실 수도 있지만, 일본인인 제가 잠시 설명해드릴게요. 닭한마리는 닭고기를 대파, 감자 등의 채소와 함께 끓여낸 전골 요리로, 마늘과 생강, 후추 등으로 국물 맛을 내요. 맑은 육수에 다진 양념이나 겨자를 간장에 풀어 일명 '다대기'를 만들고, 잘 익은 닭고기를 찍어 먹습니다. 맵지 않으면서 한국적인 맛이라 일본인에게 아주 인기가 많습니다. 맛도 맛이지만, 닭이 한 마리 통째로 들어간 요리라는 게 굉장히 임팩트 있어요. 일본에도 '미즈타키 水炊き(242p)'라는 비슷한 닭고기 전골 요리가 있는데요, 미즈타키는 닭고기를 자른 상태로 조리하기 때문에 닭한마리는 더 신기하게 느껴져요.

서울 동대문시장 인근에 닭한마리 전문점들이 모여있는 '닭한마리 골목'이 있어요. 원래 그곳은 동대문 상인들에게 닭칼국수를 파는 골목이었는데, 더 푸짐한 음식을 내놓기 위해 메뉴를 닭칼국수에서 닭한마리로 바꿨다고 해요. 나중에 동대문에 간 일본인 관광객이 그걸 먹고 너무 맛있어 했는지 이후 일본에서도 소문이 났습니다. 지금은 일본의 코리아타운이나 주요 도시에 닭한마리 전문점이 있고, 한식집 외에도 야키토리집 같은 닭고기 요리점에서 닭한마리를 파는 집이 나오곤 해요.

닭한마리는 치즈 닭갈비처럼 갑자기 붐을 일으킨 음식이 아니라, 진짜 서울 로컬 푸드가 오랜 시간에 거쳐 일본인들 사이에서 받아들여진 음식이라는 점에서 굉장히 특별한 음식이에요.

비빔밥 ビビンバ

비빔밥도 일본인에게 인기가 많은 한국 음식으로, 꼭 한식점이 아니어도 편의점이나 돈부리류를 판매하는 음식점에서 '특별메뉴'로 팔아요. 일본에서 한국 음식은 매운 음식이라는 이미지로 직결되기 때문에 매운 음식이 땡기는 여름철에 인기가 많아요. 이열치열이라고나 할까요. 비빔밥 또한 고추장을 넣어 먹는 음식이기 때문에 일본에서는 비교적 매운 음식 중 하나로 알려져 있어요. 돈부리 체인점인 '마츠야 松屋'에서 매년 여름 판매하는 '비빔동 ビビン丼(비빔밥 돈부리)'은 일본인 사이에서 평이 좋은 인기 메뉴입니다. 그런데 일본인은 비빔밥도 잘 비벼 먹지 않습니다(비벼 먹는다고 해도 아주 살짝만 비벼 먹죠). '비빔밥'이라는 단어가 '비벼 먹는 밥'이라는 뜻이라는 걸 아는 일본인도 많지 않고요. 저는 한국에서 처음 비빔밥을 먹었을 때, 한국인 친구에게서 '비빔밥은 잘 비벼야 맛있다'는 걸 배웠어요. 혹시 일본인 친구가 비빔밥을 비비지 않고 돈부리처럼 그대로 먹는 걸 본다면 제대로 먹는 방법을 알려주세요. 물론 먹는 방법은 개인의 취향이나, 적어도 현지인이 어떻게 먹는지를 아는 것은 유익하니까요.

지짐이 チヂミ

한국의 '전'도 일본에서 인기가 많아요. 오코노미야키와 비슷한 부분이 많아서 '한국의 오코노미야키'로 알려져 있기도 합니다. 한국인처럼 '비도 오는데 전이나 먹을까' 같은 생각은 하지 않지만, 그래도 한식집에서 즐겨 찾는 메뉴예요.

그런데 일본에선 이 음식을 전, 혹은 부침개라는 이름으로 부르지 않아요. '지짐이'라고 부릅니다. 지짐이는 강원도나 경상도 일부 지역에서 쓰던 사투리라고 알고 있는데요, 그쪽 지역에서 온 재일 한인분들이 일본에서 지짐이를 해 먹으면서 말도 그대로 정착된 것이라고 해요. 일본인들은 지짐이가 너무 익숙해서 표준어라고 착각하기도 해요. 한국에 가서 "지짐이 주세요!" 하는 경우도 있는데, 일반적인 한국 음식점에서도 통할지 궁금하네요(명동같이 일본인이 자주 가는 관광지에는 한식집의 일본어 메뉴판에 チヂミ(지짐이)라고 적혀 있기도 해요). 아무래도 지짐이는 맵지 않아서 일본인이 먹기 편한 음식이기 때문에 인기가 많아요.

epilogue.
한국 독자분들에게

> 당신의
> 일본인 친구,
> 네모로부터

저는 인스타그램에서 '리얼 도쿄 맛집 탐방기'를 한글로 연재하고 있어요. 현지인이 추천하는 도쿄의 맛집을 알려드리는 포스팅이지만, 실은 이 책에서 들려드린 '일본 음식 이야기'를 한국인 팔로워 님들과 공유하는 것이 목표였답니다. 인스타그램에선 음식의 배경이나 역사 같은 이야기보다 구체적으로 어느 맛집이 맛있는지, 그리고 맛있어 보이는 사진이 당연히 더 주목을 받아요. 그래서 저는 우선 맛집 정보를 소개하고, 글 후반에서 "여담이지만…"하며 식문화, 음식의 배경, 역사 같은 이야기를 덧붙여왔어요. 가끔 인스타그램 글자 수 제한에 걸려서 더 하고 싶은 이야기는 댓글에 남기기도 하였고요. 인스타그램에는 아무래도 할 수 있는 이야기가 제한적이다 보니, 언젠가는 일본 음식 이야기를 책으로 전하고 싶다고 생각했었죠.

그러다가 앞서 쓴 저의 첫 번째 책 『진짜 도쿄 맛집을 알려줄게요.』 출간 이후 두 번째 책으로 본격적인 일본 음식 이야기를 써보는 건 어떻겠냐는 제안을 받았을 때 정말 딱 좋은 기회라고 느꼈답니다. 제가 가장 전하고 싶었던 '여담들'을 총정리하고 만끽할 수 있는 책이라니요!

알고 보니 한국에서 일본인이 이런 책을 출판한 적이 거의 없고, 일본인인 제가 한국어로 책을 쓰는 건 큰 의미가 있는 것 같아요. 물론 그만큼 책임도 크지만요. 저는 한일간 친선을 깊게 하기 위해 이런 활동을 하는 건 아니에요. 하지만 서로 다른 나라의 음식을 알고 맛있게 먹으면, 상대를 보다 잘 이해할 수 있다고 믿고 있습니다.

이 책은 제가 할 수 있는 것(한국어)과 하고 싶은 것(한국인분들에게 도움이 되는 것)을 합친 결과입니다. 한 사람이라도 더 많은 한국분들이 이 책을 읽어주셨으면 좋겠어요. 이번엔 제가 일본 음식 이야기를 들려드렸는데요, 다음엔 여러분이 저에게 한국 음식 이야기를 들려주세요. 저는 정말로 한국 음식을 사랑하니까요!

**다음엔 여러분이 저에게
한국 음식 이야기를 들려주세요!**

저에게 한국어를 재미있게 가르쳐주신
서강대학교 한국어교육원 선생님들
오오쿠사 미노루 선생님(大草稔さん)
미래한국어학원(ミレ韓国語学院), 마에다 타다히코 선생님(前田真彦先生)

먹는 재미와 그 재미를 사람들에게 전하는 열정을 알려주신
아라키 미호상(あっきーさん)

멋진 와가시 사진을 제공해준
옷군(おっくん 인스타그램 @osaka.okkun)

저에게 책 출간이라는 멋진 기회를 주신 휴머니스트 출판사
김민기 주간님, 김보희 님, 이가현 님, 이화령 님

인스타그램을 통해 항상 응원해주시는 팔로워 님들 감사합니다.

Editor's letter

음식을 소재로 한 책들 중 이제껏 이렇게 먹는 일 자체에 진심인 책은 없었다는 자부심으로, 오랜 고심 끝에 사연과 비밀을 간직한 제목을 붙여보았습니다만, 뭔가 크고 깊은 사연을 기대한 분들께는 사과의 말씀을 드립니다. (소소하고 다정한, 펼쳐놓고 읽으며 먹으면 더욱 맛있는 책입니다.) **민**

네모 님과 자방의 두 번째 만남입니다. 첫 책 작업을 하던 몇 년 전에도 서울과 도쿄는 가깝지 않았지만, 지금은 더 멀어진 듯해요. 원고를 읽으며 '맛있겠다!'라는 생각 뒤에는 늘 '언제 다시 갈 수 있을까'라는 아쉬움이 따라왔습니다. 부디 네모 님과 한 테이블에 앉아 음식 이야기를 나눌 날을 기다립니다. **희**

일본 드라마를 보면 주인공이 카페에 가서 꼭 나폴리탄을 먹더라고요. 어쩐지 주인공보다는 나폴리탄에 시선이 꽂히곤 했어요. 왜 다들 나폴리탄을 먹을까 싶었죠. 그 궁금증을 이 책에서 모두 풀었습니다. 아주 맛있는 책이에요! **현**

이 책을 작업하면서 저는 점점 식탁 앞에서 말이 많아졌습니다. 옆 테이블엔 언제나 네모 님이 있었거든요. "카라아게랑 텐푸라의 차이는 뭐predefined~?" "멈춰! 돈부리는 비벼 먹는 음식이 아니래!" "글쎄 일본에는 우동 택시라는 게 있다는 거야…" 사랑하면 알고 싶고 알게 되니 사랑하게 되는, 이 침이 고이는 서클! 주민님들도 분명 빠져들게 될 거예요. 맛있게 들어주세요! **령**

텐동의 사연과 나폴리탄의 비밀

1판 1쇄 발행일 2021년 9월 14일
1판 3쇄 발행일 2023년 9월 18일

지은이 네모(tokyo_nemo)
발행인 김학원
발행처 (주)휴머니스트출판그룹
출판등록 제313-2007-000007호(2007년 1월 5일)
주소 (03991) 서울시 마포구 동교로23길 76(연남동)
전화 02-335-4422 **팩스** 02-334-3427
저자·독자 서비스 humanist@humanistbooks.com
홈페이지 www.humanistbooks.com
시리즈 홈페이지 blog.naver.com/jabang2017
디자인 스튜디오 고민 **용지** 화인페이퍼 **인쇄** 삼조인쇄 **제본** 해피문화사

자기만의 방은 (주)휴머니스트출판그룹의 지식실용 브랜드입니다.

ⓒ네모(tokyo_nemo), 2021
ISBN 979-11-6080-706-6 (03810)

- 이 책은 저작권법에 따라 보호를 받는 저작물이므로 무단 전재와 무단 복제를 금합니다.
- 이 책의 전부 또는 일부를 이용하려면 반드시 저자와 (주)휴머니스트출판그룹의 동의를 받아야 합니다.